세계를 뒤흔든

미래주의 선언

KB192371

세계를 뒤흔든 미래주의 선언

초판 1쇄 인쇄 _ 2008년 4월 21일
초판 1쇄 발행 _ 2008년 4월 30일

지은이 _ 이택광

펴낸이 _ 유재건
주   간 _ 김현경
책임편집 _ 진승우
편   집 _ 박순기, 주승일, 박재은, 홍원기, 강혜진, 임유진
마케팅 _ 이경훈, 이은정, 정승연
영업관리 _ 노수준
경영지원 _ 양수연
유통지원 _ 고균석

펴낸곳 _ 도서출판 그린비 · 등록번호 제10-425호
주소 _ 서울시 마포구 동교동 201-18 달리빌딩 2층
전화 _ 702-2717 · 702-4791
팩스 _ 703-0272

ISBN 978-89-7682-504-9 978-89-7682-943-6(세트)
이 도서의 국립중앙도서관 출판시도서목록(CIP)은 e-CIP홈페이지(http://www.
nl.go.kr/ecip)에서 이용하실 수 있습니다.(CIP제어번호: CIP2008001243)

그린비 출판사 _ 나를 바꾸는 책, 세상을 바꾸는 책
홈페이지 www.greenbee.co.kr
전자우편 editor@greenbee.co.kr

세계를 뒤흔든
미래주의 선언

이택광 지음

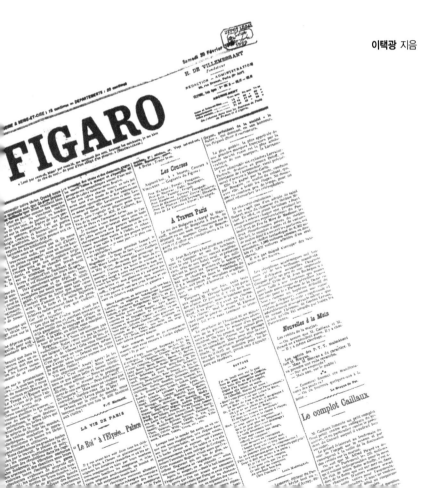

책머리에

미래파 하면 보통 사람들은 무엇을 떠올릴까? 미래주의나 미래파라는 말은 우리에게 그렇게 익숙한 말이 아니다. 80년대에 대학을 다닌 사람들은 블라디미르 마야코프스키라는 러시아 시인의 이름을 들어 본 적이 있을 테고, 이 시인의 이름 뒤에 꼬리표처럼 달려 있던 '미래파 시인'이라는 말을 기억해 낼 수 있을지 모르겠다. 그가 썼다는 뚝뚝 부러져서 여기저기 흩날리고 있는 「레닌」이라는 시는 확실히 평범한 경험을 우리에게 허락하는 게 아니었다. 쓰다가 만 낙서 같은 걸 시라고 하니 혼란을 넘어 충격 자체라는 말밖에 달리 할 말이 없었다. 게다가 도무지 알아먹을 수 없는 말들을 나열해 놓은 듯한, "조직은 팔뚝에서 불끈 튀어나온 근육" 같은 시 구절은 문학에 문외한이 아닌 사람들한테도 이해가 쉽지 않았다. 같은 시인이 쓴 다른 시를 한번 보자.

> 나는 늑대처럼
> > 관료주의를
> > > 물어뜯고 싶었다.
> 명령서엔
> > 어떤 존경도 표하지 않는다.

「소비에트 여권에 관한 시」다. 확실히 특이하다. 시시껄렁한 이걸 왜 쓴 건지 물어볼 새도 없이 많은 사람들은 '위대한 혁명가'의 시라는 이유만으로 마야코프스키의 시집을 들췄다. 그러나 이건 그 당시 어려운 시를 어렵다는 말 한마디 제대로 못하고 읽어야만 했던 열혈독자들의 잘못만은 아니다. 이른바 '상징주의'에 기반을 둔 미래주의 특유의 난해성이 그의 시에 도사리고 있기 때문이다. 상징은 맥락을 알 수 없는 알레고리라고 독일의 문예학자 발터 벤야민은 일찍이 말했다. 알레고리는 돌려서 다르게 말하는 방식이다. 그런데 세월이 지나면 이렇게 돌려서 말한 맥락은 사라져 버리고, 그 '이야기'만 남는다. 당연히 그 '이야기'는 맥락을 알 수 없는 한 오리무중이다. 이 오리무중의 알레고리, 이게 상징이다.

한 가지 예를 들어 보자. 보통 장미를 우리는 '사랑'의 징표로 본다. 그러나 우리 정서에서 장미를 사랑의 상징으로 볼 이유가 전혀 없다. 말하자면 장미를 사랑으로 이해할 의미의 맥락이 없다는 뜻이다. 그런데도 장미를 사랑의 상징이라고 보는 까닭은 장미를 사랑으로 받아들이도록 학습받았기 때문이다. 장미를 사랑의 상징으로 여기는 관습은 중세 서구의 신비주의 전통 때문이지만, 서구인이 아닌 사람들은 이러한 맥락을 공부해야 이런 상징을 이해할 수 있는 것이다. 여하튼 상징은 이 때문에 알아먹기 어려운 것이고, 이를 해독하기 위해서 뭔가 논리체계 같은 것이 있어야 한다. 이것을 '구조'나 '코드'라고 부를 수 있겠다.

이 책의 목적은 미래주의라는 낯선 서구 예술운동의 맥락과 이 운동이 역사 속에 남긴 것들을 살펴보는 것이다. 어떻게 보면 20세기 초반 이탈리아를 잠시 휩쓸고 지나간 이 예술운동의 의미와 여파를 찾아내어 설명한다는 건 다소 쓸데없는 일처럼 보이기도 한다. 굳이 이런 일에 팔을 걷어붙일 까닭이 없어 보인다는 뜻이다. 내가 워낙 남 보기에 쓸데없는 일을 잘하기로 소문이 나긴 했지만, 미래주의에 대해 한번 다루어 보는 것이 그렇게 쓸데없는 일만은 아니라는 생각이 이렇게 쉽지 않은 일에 선뜻 나설 수 있었던 이유이기도 하다. 물론 학위 과정 중 내내 손길을 떠나지 않았던 벤야민이 미래주의에 대한 나의 관심을 유발한 원인이라는 사실을 부인하기 힘들다. 벤야민은 유명한 「기술복제시대의 예술작품」에서 미래주의의 내적 논리를 "예술을 위한 예술"의 변종으로 보고 정치를 심미화하는 대표적인 파시즘 예술로 간주한다. 사실 미래주의를 파시즘과 연결하는 주장은 이런 벤야민의 평가에 전적으로 빚지고 있다. 이런 벤야민의 미래주의 비판에 대한 의견은 분분하다. 물론 나의 관심은 미래주의에 대한 벤야민의 비판에 대헤 옳다 그르다 판정을 내리는 것이 아니다.

벤야민의 입장에 반대하는 주장들은 대체로 미래주의와 파시즘 사이에 화해할 수 없는 간극이 있다는 사실을 지적한다. 물론 나름대로 일리가 있는 말이다. 그러나 확실한 건 당시 숱한 유럽의 지식인들이 그랬듯이 미래파 또한 파시즘을 한때나마 지지했다는 사실이다. 나에게 흥미로운 건 바로 이 점이다. 어떻게 보면 벤야민의 문예이론은 독일 낭만주의에 대한 내재적 해석을 통해 탄생했다고 볼 수가 있는데, 미래주의에 대한 해석 역시 이런 혐의에서 크게 자유롭지 못하다. 여기에서 내재적 해석이라는 건, 해석할 대상의 논리 속으로 들어가서, 그 논리를 안에서부터 파고 나오는 방법을 말한다. 이 때문에 벤야민의 글을 읽다 보면, 도대체 이 사람이 지금 비판을 하는 건지, 동의를 하는 건지 헷갈릴

때가 있는 것이다.

독일 낭만주의와 미래주의는 여러모로 닮아 있다. 두 유파 모두 당대 최고 엘리트들의 예술 결사였다는 사실도 그렇고, 주로 시학을 비롯한 문학에서 출발해서 미술과 문화 전반으로 퍼져 나갔다는 점에서도 그렇다. 그러나 벤야민에게 미안하지만, 사실 독일 낭만주의에 대한 가장 멋있는 분석은 헝가리 출신 독일 문예학자 게오르크 루카치의 것이다. 과연 루카치만큼 정확하고 장엄하게 독일 낭만주의의 운명을 우리에게 전달해 주는 이도 드물다. 그의 걸작 『영혼과 형식』에서 루카치는 독일 낭만주의의 대표적 시인 노발리스를 논하며 이들의 예술운동을 "불 뿜는 화산 위에서 추는 춤이었고 도저히 믿기지 않는 찬란한 하나의 꿈"이었다고 말한다. 이들은 몽상가였고, 이런 몽상이 풍요로운 유산을 우리에게 남겨 준 건 확실하지만, 본래부터 이들의 태도는 세상에 대해 오만불손하기 이를 데가 없었기에 결코 속세의 물질세계에 자신들의 터전을 마련할 수 없었다는 것이다.

독일 낭만주의에 대한 루카치의 생각은 이탈리아의 미래주의를 이해할 수 있는 단서를 준다. 이런 질문을 한번 던져 보자. 독일 낭만주의나 미래주의가 출현했던 시기는 세계사에 보기 드문 격동의 시대였다. 이른바 정치 과잉이라는 전쟁의 시대였다. 이런 불안과 염려의 시대에 왜 이들은 정치를 택하지 않고 예술을 택했던 걸까? 그것도 당대 최고의 엘리트들이 말이다. 이에 대한 루카치의 대답은 명쾌하다.

당시 독일에선 오직 문화를 향하는 길밖에 다른 길이 없었으니 그것은 바로 내면으로 향하는 길이었고 정신적 혁명의 길이었다. 어느 누구도 현실의 혁명을 진지하게 생각할 수 없는 상황이었다. 행동을 해야 할 사람은 침묵하거나 영락할 수밖에 없었다. 그렇지 않으면 그들은 단순한 유토피아주의자가 되어 머릿속에서 만들어 낸 생각의 가능성들을 가지고 대담무쌍한 정신적 유희를 계속하였다. 또한 라인강 저편에서라면 마땅히 비극적 주인공이 되었을 사람들이 여기에서는 오로지 문학 속에서만 자신들에게 주어진 운명적 삶을 영위할 수 있었다.

루카치의 『영혼과 형식』에 나오는 구절이다. 루카치는 여기에서 날카롭게 오늘날 독일이 왜 '철학의 나라'로 숭앙받는지 그 이유를 파헤친다. 라인강 저편, 그러니까 프랑스에 비해 뒤처진 사회정치적 조건 때문에 독일에서 철학과 문학이 꽃피었다는 것. 이미 프랑스는 프랑스 혁명을 통해 사회나 정치 면에서 여전히 봉건주의에 찌들어 있던 독일이 꿈꿀 수 없는 역사를 써 내려가고 있었다. 이에 대한 반발일까? 독일 낭만주의자들은 프랑스 혁명의 근간이었던 이성주의를 거부하고 이와 다른 입장을 분명히 한다. 어쨌든 독일 낭만주의자들의 시도는 성공적이었다. 이들로 인해 독일은 정치사회적으로나 경제적으로 다른 유럽 국가에 뒤지긴 했지만, 철학과 문학 같은 정신적 측면에서 어느 나라보다 고결했다. 한마디로 독일은 '시인과 사상가의 나라'가 되었다. 좀 어렵게 말하면, 이런 걸 사회의 차원에서 전혀 진보를 생각할 수 없는 상황이었기 때문에 발생한 '내면화 현상'이라고 한다. 미학을 삶의 구원으로 생각했던 이들이 엘리트주의로 빠지는 것은 어쩔 수 없는 일이었다. 루카치는 이에 대해 다음과 같이 명쾌하게 표현한다.

정상에 도달한 사람들은 골짜기의 심연 앞에서 현기증을 느꼈고 또한 알프스의 희박한 공기층에서 더 이상 숨을 쉴 수가 없게 되어 이미 하산하는 것이 불가능해져 버린 상황에서 낭만주의가 이룩한 이러한 업적은 헛수고에 그칠 수밖에 없었다. 그렇다고 해서 이들이 이곳 정상에서 폭넓고 확고한 지반을 확보하기 위해 저 아래 사람들을 전부 다 이 위로 데리고 올라온다는 것 또한 불가능한 일이었는데, 그도 그럴 것이 그들은 이미 지난 수백 년간의 오랜 세월을 그러한 낮은 곳에서 살아왔기 때문이었다. 이제 남은 길이라곤 계속해서 저 높은 곳으로, 죽음과 같은 고독을 향해 나아가는 길밖에 다른 길이 없었다.

독일과 이탈리아, 얼핏 보면 전혀 닮지 않은 나라다. 그러나 두 나라는 유럽에서 근대화에 뒤진 대표적 나라들이기도 하다. 18세기 낭만주의를 통해 실존의 울분을 토로했던 독일 젊은이들처럼, 20세기 초 이탈리아 젊은이들은 미래주의를 통해 그렇게 했다. 이런 까닭에 미래주의를 지금 이 시점에서 뒤돌아본다는 건 여러모로 중요한 일이다. 왜냐하면, 낭만주의와 마찬가지로 미래주의는 우리가 살고 있는 현재를 이해하기 위해 반드시 짚고 넘어가야 할 여러 가지 현상들을 보여 주기 때문이다. 요즘 유행하는 말로 미래주의는 일종의 '증상' 같은 것이다. 몸이 아프면 나타나는 증상 말이다. 고쳐 말하면, 현실의 문제가 문화적 증상으로 나타난 것이 낭만주의나 미래주의라고 볼 수 있다는 것이다. 물론 이런 이유 말고도 많다.

먼저, 미래주의가 20세기 초반에 일시적 현상으로 혜성처럼 나타났다가 사라진 유령이 아니기 때문에 알아볼 필요가 있다. '신미래주의'(Neo-Futurism)라는 용어가 암시하듯이, 특정한 이탈리아 예술가들이 이끌던 미래주의라는 문예운동 자체는 역사의 페이지에 한 줄 기록으로만 남았지만, 이 운동이 미친 영향은 여전히 지속되고 있다. 미래주의의 영향은 오늘날 컴퓨터 테크놀로지에 기반을 둔 다양한 문화현상에서도 목격할 수 있다.

테크노 누아르(techno noir)라는 새로운 용어를 만들어 낸 리들리 스콧의 영화 「블레이드 러너」에 나오는 타이렐의 회사건물은 요절한 미래파 건축가 산텔리아의 디자인을 연상시킨다. 미래주의가 남긴 흔적은 다다이즘과 초현실주의를 거쳐, 오늘날 한국에서도 인기가 있는 프랑스 철학자 질 들뢰즈와 펠릭스 가타리, 또는 폴 비릴리오의 공동 작업에서도 발견할 수 있다. 미래파가 주창했던 "인간의 몸을 물질화하는 꿈"은 오시이 마모루의 「공각기동대」 같은 작품에서 되풀이되어 출몰한다. 물론 이런 상상력은 「터미네이터」 같은 할리우드 영화에서도 다시 등장한다. 따라서 우리는 이와 같은 문화현상을 이루고 있는 정신적 배경을 이해하기 위해 미래주의에 대해 알아보아야 할 것이다.

그리고 미래주의는 서구문화를 구성하는 중요한 요소로 남아 있다. 특히 '근대'로 두루뭉술하게 일컬어지는 '특이하면서도 보편적인' 조건에서 나름대로 제 살길을 찾고자 했던 서구 지식인들의 고뇌 같은 것을 알아볼 필요가 있다. 미래주의는 앞서 말한 낭만주의처럼 '합리적 기계'를 비합리적 정서로 받아들인 특이한 경향이었다. 미래주의에게 기계는 말 그대로 은유라기보다 물질세계 자체였다. 미래주의자들에게 기계는 관습을 벗어나서 무엇인가를 끊임없이 만들어 내는 생산의 상징이었다. 이런 관점에서 미래주의는 인간중심의 합리주의에 근거해서 체

미래파들. 미래파들은 이탈리아의 후진성을 예술을 통해 단숨에 뛰어넘고자 했다. 이들에게 예술은 곧 정치였고 근대화의 시간차를 뛰어 넘어갈 수 있게 하는 힘이었다. 이 사진은 1912년 파리에서 촬영한 것으로, 왼쪽에서부터 루이기 루솔로(Luigi Russolo), 카를로 카라(Carlo Carrà), 필리포 토마소 마리네티(Filippo Tommaso Marinetti), 움베르토 보초니(Umberto Boccioni), 지노 세베리니(Gino Severini)이다.

계적으로 세계를 이해하고자 했던 다른 경향과 구분되는 이념을 품고 있다.

　　마지막으로 미래주의는 파시즘을 이해하기 위한 중요한 단초를 제공한다. 미래파에 이론적 기초를 제공한 「미래주의 선언」을 쓴 필리포 토마소 마리네티는 열성적인 대중선동가이자 아나키스트였지만, 파시스트인 무솔리니와 친분을 유지했다. 앞서 언급했듯이, 최근에 이 둘의 관계가 보기보다 그렇게 돈독하지 않았다고 말하는 주장도 있지만, 이런 사실이 파시즘과 미래주의의 관계를 깨끗하게 정리해 주고 있는 것 같지는 않다. 독일의 철학자인 테오도어 아도르노가 말했듯이, "해방된 주체는 그 해방감을 느끼지 못한다". 미래주의가 갈망한 주체의 해방은 정작 그 해방의 종착역이 어디인지에 대한 뚜렷한 상을 갖고 있지 못했다. 물론 이건 미학적 내면을 구축함으로써 현실의 모순을 해결하고자 했던 이들의 행위 자체가 처음부터 안고 가는 문제이기도 하다. 이런 측면에서 미래주의는 지적 호기심을 자극하고도 남는다. 이탈리아 최고의 엘리트 예술가들이 무엇 때문에 파시즘과 친해졌던 것인지 궁금하지 않을 수 없다. 자, 그럼 이제, 신발 끈을 단단히 매고 소란스러운 미래주의의 역사 속 현장으로 떠나 보도록 하자.

세계를 뒤흔든 **미래주의 선언**

<< 차 례

WORDS
THAT
CHANGED
THE WORLD

Context and Creators

등장배경과 지은이

미래주의는 20세기 초 이탈리아의 미래파를 중심으로 일어나 전 유럽으로 퍼져 나간 예술운동이다. 이 예술운동은 한 마디로 역동성과 혁명성을 강조하는 것을 특징으로 했다. 이탈리아에서 태동한 미래주의는 '대중'과 소통하고자 했던 최초의 예술운동이었다. 이들은 서구 미학사상 처음으로 '군중'에게 충격을 가해서 각성을 불러일으킬 수단으로 예술을 선택했다. 이를 통해 미래파가 궁극적으로 달성하고자 했던 건 삶과 예술의 일치였다. 삶과 예술을 일치시키는 건 비단 미래파에게만 해당되는 문제가 아니다. 예술행위 자체의 딜레마 같은 것이라는 말이다. 미래파는 이런 딜레마를 해결하기 위해 일상생활의 재료와 매체를 예술생산에 접목시켰던 집단이다. 이들의 목표는 예술과 삶을 동격에 놓는 것이었다. 이들은 예술의 목적을 삶의 변화에서 찾았고, 예술을 통해 고리타분한 사회의 정신구조를 개혁하고자 했다. 그러나 이런 목적과 별도로 미래파는 예술적으로 불가능한 것을 예술적 가능성으로 만들려고 했다는 측면에서 미학적 의의를 갖는다. 이들은 '불가능'을 신비한 것으로 보고 이런 신비를 타파하는 것을 미래주의 예술의 임무로 생각했다. 미래파는 예술적인 것과 예술적이지 않은 것 사이에 가로놓인 경계를 허물고 예술성의 영역을 확장하려고 했다. 이런 생각에 따라 이들은 개별 예술의 벽을 무시하고 이 모두를 통합한 '문화'를 창안하는 것을 목표로 삼았다.

미래주의가 보여 준 가장 중요하고 뚜렷한 성과는 주로 시각예술 분야에서 나타났지만, 문학과 연극, 그리고 음악에서도 미래주의의 영향을 발견할 수 있다. 이들에게 예술은 문화였고 이 문화는 모든 예술적 전통을 폐기한 상태에서 드러나는 삶의 역동 자체였다. 미래파가 출현했던 당시의 세계는 기술의 발전과 새로운 매체의 출현으로 인해 전례 없는 변화의 소용돌이에 휩싸여 있었다. 새로운 매체는 새로운 예술양식을 낳았고 세상을 받아들이는 방식도 변화시켰다. 모스와 벨, 그리고 에디슨 같은 발명가들이 그때까지는 상상도 못했던 의사소통의 수단들을 발견했다. 미래파들에게 이런 변화는 당

필리포 토마소 마리네티(1876~1944).

시에 지배적이었던 고전적 개념의 예술과 인간에 대한 정의를 전면적으로 의심하도록 만드는 조건이었다. 말하자면, 미래파의 예술경향은 기술과 기계에 대한 친연성에서 자라 나온 것이라고 할 수 있다. 미래파는 새로운 매체환경을 적극적으로 수용했지만, 결과적으로 이런 방식은 기술에 예술을 복속시키는 결과를 낳게 되었다.

역사적으로 보면 미래주의 선언은 마리네티라는 시인에게서 출발한다. 1909년 이탈리아 시인이며 잡지 편집인인 마리네티가 프랑스 파리의 신문『르 피가로』에 「미래주의의 기초와 미래주의 선언」(이하 「미래주의 선언」)을 기고하면서 이 운동은 시작되었다. 마리네티의 미래주의 선언은 미래주의의 도래를 대중적으로 알리는 역사적 사건이었다. "우리는 노동과 쾌락, 그리고 폭동에 좋아 어쩔 줄 모르는 거대한 군중을 노래할 것"이라고 마리네티는 선언한다. 이 거대한 군중은 "현대 도시에서 발견할 수 있는 현란한 색상과 다양한 음조를 띤 혁명의 파도"이기도 하다. 이 선언문을 읽어 보면, 미래파는 도시문명에 대한 격정적

마리네티의 친필 편지.

찬양과 지향을 보여 준다는 것을 금방 깨달을 수 있다.

이처럼 마리네티는 기술문명의 발전으로 인해 인간 심리에 일어난 변화를 누구보다 빨리 감지했다. 기술의 발전이 인간의 지각과 심리를 변화시킨다는 이런 생각은 의미심장한 것이다. 이 말은 결국 기술이라는 것이 인간의 경험세계를 근본에서 바꿔 놓는 원인이라는 사실을 암시하는 것이기도 하다. 마리네티는 시인이자 소설가, 그리고 극작가였지만, 정작 작품보다는 미래파의 이론가이자 제창자라는 사실 때문에 오늘날 주요하게 부각되고 있다. 마리네티는 선언 자체를 매체이자 장르로 이해했던 독특한 작가였다. 선언을 통한 깜짝쇼에 아주 능했다는 것인데, 요즘으로 치자면 미디어 정치의 본질을 잘 알고 이를 효과적으로 이용할 줄 알았던 것이다. 이런 특성은 미래파의 장점이자 동시에 한계이기도 하다. 전통을 습관의 껍데기로 간주하고 이를 깨뜨릴 충격요법을 즐겨 사용했던 미래파는 전통의 답습을 거부한다는 명분 때문에 자기 자신의 예술세계마저도 파괴할 수밖에 없었던 것이다.

1909년 최초의 포괄적인 미래주의 선언을 발표한 후 마리네티는 시, 연극, 건축, 음악, 라디오, 뮤지컬 공연뿐 아니라 비예술적 주제에 이르기까지 일련의 미래파 선언문을 직접 쓰거나 아니면 도움을 주었다. 그에게 선언은 새로운 예술의 장르 같은 것이었다. 그는 1905년 파리에서 '위대한 선동시인'들을 위한 잡지 『포에지아』를 창간했고, 이 잡지를 중심으로 활동한 시인들은 1909년 자신들을 미래파로 선언했다. 『포에지아』는 이후 미래파의 형성과 발전에 중요한 매체로 역할을 다하는데, 「미래주의 선언」을 잇는 「미래주의 화가 선언」은 이 『포에지아』에 낱장으로 끼워져서 배포되었다. 「미래주의 화가 선언」은 첫 미

『포에지아』. 1905년 파리에서 마리네티가 창간한 이 문학잡지를 토대로 미래파가 탄생했다.

래주의 선언이 있은 뒤 1년 뒤, 그러니까 1910년 2월 11일에 발표되었고, 그로부터 한 달 뒤인 3월 18일에 토리노의 키아넬라 극장에서 낭독되었다. 이런 사실만을 놓고 봐도 미래파는 선언과 퍼포먼스라는 두 가지 이벤트를 주요한 활동 근거로 삼았다는 것을 알 수 있다. 한마디로 미래파는 행동의 예술을 추구했고, 이는 궁극적으로 삶과 유리된 근대 예술의 문제를 아무런 물질의 매개 없이 단번에 해결하기 위한 자구책 같은 것이었다.

　마리네티는 미래파의 작품들을 전문적으로 출판하기 위해 『포에지아』의 명칭을 딴 출판사를 설립했다. 이에 그치지 않고 마리네티는 미래주의 이론을 보급하기 위해 영국·프랑스·독일·러시아 등지를 방문해서 다양한 영향력을 과시했다. 대개 유파의 이름을 비평가나 후대 역사가가 짓는 것과 달리 미래파라는 명칭은 마리네티가 고안해 낸 것이다. 말 그대로 자신의 이름을 자기 스스로 지은 꼴이다. 그가 만들어 낸 이

명칭은 미래와 예술의 새로운 발상에 대한 지지와 관심을 반영한 것이 었지만 동시에 당시 이탈리아와 유럽의 문화적 상황을 표현하는 것이기도 했다. 미래주의 선언은 "박물관과 도서관을 파괴할 것이며, 도덕주의, 여성다움, 모든 공리주의가 강요하는 비겁함에 대항해서 싸울 것"이라고 선포해서 예술 애호가들을 경악하게 했다. 무엇 때문에 이들이 이런 위협적인 선언을 했는지 짐작하기는 어렵지 않다. 후발 주자 특유의 힘과 강렬한 부정의식이 이들을 압도했다고 할 수 있다. 그러나 이보다 더 중요한 건 어떤 조급증 같은 것이 아닐까 한다. 이들은 확실히 조급했고, 이런 조급증은 그 어떤 예술사의 유파에서도 발견할 수 없는 특징이었다.

미래파는 위악적 악동 노릇을 했다. 물론 선언문에는 겉치레 삼아 파괴 이후에 올 건설적인 부분에 대해 언급을 해놓기도 했지만, 대체로 이 선언문의 목적은 과거가 얼마나 추악하게 현재를 짓누르고 있는가를 폭로해서 이런 과거의 억압을 철저히 분쇄하는 것이었다. 한마디로 미래파는 과거를 무조건 깡그리 부정하는 행위에서 의의를 찾았다. 정치적인 면에서 본다면 미래파는 파시즘과 가까웠다. 미래파는 사회적 불의를 해소할 방법으로 혁명을 주창했는데, 이 혁명은 당연히 폭력을 항상 데리고 다니는 것이었다. 미래파는 사회적 불의가 없어지기를 바라기는 했으나 "우리는 유일하고도 진정한 위생학인 전쟁을 찬양할 것"이라고 선언하면서 초기 파시즘과 통하는 길을 열어 놓았다.

마리네티의 뒤를 이어 1910년 움베르토 보초니와 그의 동료들은 미래파 화가의 선언문을 세상에 선보이는데, 말할 것도 없이 이 선언의 배후에는 마리네티가 있었다. 마리네티는 이 선언을 절대적으로 지지하

루솔로, 「속도의 역동성」(*Dinamismo di un automobile*), 1912~1913.

고 지원했는데, 보초니 외에도 이 선언에 서명한 이들은 카를로 카라, 자코모 발라, 루이기 루솔로, 지노 세베리니였다. 그런데 정작 선언은 했지만, 재미있게도 이들은 당시에 미래파 양식이라고 불릴 만한 작품들을 제작하고 있지 않았다. 말하자면 이들도 미래주의가 무엇이고 미래파가 어떤 생각을 해야 하는지 정확히 몰랐던 것이다. 그러나 이들은 마리네티가 선언문에서 주장한 것과 유사한 맥락에서 "역동적인 감각(운동)"을 창출하고, "예술대상과 그 대상을 둘러싸고 있는 환경"을 그려서, 감상자를 그림의 한가운데로 끌어들이는 것이 진정한 예술이라고 주장했다.

마리네티의 미학을 수용한 미래파 화가들은 조화와 비례, 그리고

피카소, 「언덕 위의 집」(Maisons sur la colline), 1909.

통일 같은 전통미의 형식을 타파하고 속도의 미를 주창한다. 이를 통해
미래파는 기계의 역동과 굉음을 찬양하고, 이에 조응하는 열정적 애국
심, 전쟁, 모험을 근대문명의 표현이라고 생각한다. 이들이 선언한 건
한마디로 전통을 완전히 말아먹어 버리겠다는 것. 이들은 근대회화전통
을 완벽하게 쓰레기통에 처박아 버리기 위해 피카소와 브라크가 창안한
입체주의의 기교를 도입한다. 입체주의는 미래파와 거의 동시대에 등장
한 사조다. 1907년에서 1914년 사이에 전성기를 구가했는데, 이 시기
는 미래파 운동과 겹친다. 이런 상황을 놓고 보면, 미래주의와 입체주의
의 관계 같은 것을 어렴풋이 짐작할 수 있다.

　입체주의는 무엇인가? 입체주의는 이탈리아 르네상스에 버금가는

서구의 예술혁명이다. 이탈리아 르네상스가 '원근법'을 만들어서 '보기'의 혁명을 일으켰다면, 입체주의는 이런 원근법을 마구 부숴 버리면서 혁명을 일으켰다. 입체파들 손에 처참히 부서지기는 했지만, 원근법은 서구 예술사에서 아주 중요하다. 중세의 예술가들에게 중요했던 건 종교생활에 예속되어 있던 예술활동을 종교로부터 벗어나게 만드는 일이었다. 이를 위해 필요한 것이 예술을 종교와 대등한 지위에 놓는 일이었다. 좀 어렵게 말하면, 중세인들은 예술을 '자연인식'으로 보고, 학문과 동격의 지위를 부여했다. 예술은 학문 못지않게 자연에 대해 탐구하는 작업이라는 주장이다. 이렇게 해서 나온 주장이 모방과 이상화인데, 물론 여기에서 말하는 모방은 자연을 그대로 베끼는 일이 아니라, 자연을 이루는 근본법칙을 드러내는 일이었다. 이는 자연의 창조적 활동 자체를 모방하는 것을 뜻한다. 쉽게 말하면, 신이 천지를 창조했던 그 행위를 모방하는 것이 예술이라는 생각이다. 이상화는 이와 반대되는 주장처럼 보이는데, 자연을 있는 그대로 예술작품에 옮겨 놓는 건 올바른 예술활동이 아니기 때문에, 반드시 이상화시켜서 표현해야 한다는 원칙을 지칭한다. 겉으로 보면 이 둘은 서로 상반되는 것처럼 보이지만, 실제로 자연을 조화와 비례로 보는 관념으로 인해 서로 같은 것으로 받아들여졌던 것이 서구의 미학이었고, 이를 표현한 것이 원근법이었다.

　원근법을 처음으로 이론화시킨 사람은 알베르티라는 이탈리아 사람이다. 그는 『회화론』이라는 책에서 원근법을 논리적으로 규명하고자 했다. 그는 새로운 회화는 일종의 과학이라고 서슴없이 주장했다. 물론 알베르티가 말하는 과학은 오늘날 우리가 자연스러운 것으로 받아들이고 있는 문과와 이과의 구분이 있기 전에 존재했던 그 르네상스 학문을

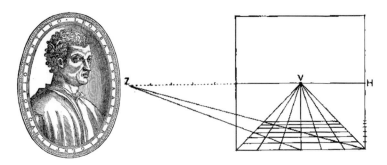

알베르티(Leon Battista Alberti)와 그가 고안한 원근법의 원리도. 르네상스 시대 철학자이자 건축자인 알베르티는 법학, 시학, 고전, 수사학에 능통하고 스포츠도 만능이었는데, 이렇게 모든 분야에 박식한 르네상스 인간의 전형을 만들어 낸 장본인이기도 하다. 그가 집필한 『회화론』(Della Pittura)에서 원근법에 대한 최초의 이론이 개진되었고, 이를 토대로 르네상스 회화는 획기적인 전환을 맞이했다.

뜻한다. 알베르티의 말을 한마디로 요약하면, 원근법은 세 꼭짓점을 기준으로 구성되는 입체적 도형의 단면이다. 이 단면을 일종의 진리로 받아들인 것이 원근법의 원리다. 이런 원리에 입각해서 알베르티는 "눈에 보이지 않는 건 화가의 관심사항이 아니다"는 말을 한다. 알베르티는 눈에 보이는 것만을 '기호'(sign)라고 부른다고 하면서, 원근법은 이런 눈에 보이는 사물의 '표면'을 파악하는 원리라고 정의한다.

입체주의는 이런 원근법을 거짓이라고 보았다. 원근법을 거부하면서 입체주의는 도형 개념을 회화에 도입한다. 알베르티는 "표면은 본체에서 가장 바깥에 있는 경계지점이기 때문에 깊이가 아니라 너비와 길이, 그리고 비율을 통해 인식할 수 있다"고 했는데, 입체주의는 이런 원리를 부정하고자 했던 것이다. 알베르티의 원근법 원리에 대항해서 내놓은 입체주의의 원리가 바로 도형이었다. 모든 건 도형화할 수 있다는 게 이들의 생각이었는데, 이 말은 자연과 인간을 기본형식이라고 할 기하학의 도형에 맞춰 인식할 수 있다는 뜻이다. 이런 걸 보면, 입체주의

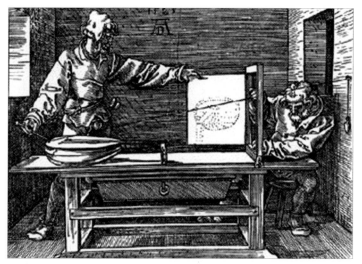

르네상스 시대의 화가 뒤러(Albrecht Dürer)가 원근법을 적용해서 그림을 그리는 장면. 원근법은 3차원의 사물을 2차원의 평면에 옮겨 그리는 기법으로서, 소실점을 기준으로 보이는 대상의 크기를 조절함으로써 입체감을 만들어 낸다.

는 동시대에 등장했던 야수주의에 비해 인식을 강조하는 주지주의의 경향을 띠고 있었다. 인상파 화가였던 폴 세잔의 그림과 아프리카 미술에서 힌트를 얻어서 이런 생각이 나왔던 것인데 여기에서 발전해 나온 것이 바로 추상미술이다.

　여하튼, 이런 입체주의의 반전통주의는 미래파의 핵심 이념을 구성하는 것이기도 했다. 어떻게 보면 미래파는 입체파에 비해 더 원근법이라는 자신의 전통문화를 버리고 싶었을지도 모른다. 왜냐하면 이런 원근법의 전통이 발생한 곳이 이탈리아이기 때문이다. 미래파의 전통 부정은 격렬한 자기 부정과 같은 것이었던 셈이다. 입체주의로부터 이념적 세례를 받기는 했지만, 미래파는 입체주의와 달리 단순한 예술의 차원에 머물러 있지 않았다. 미래파의 미래주의는 한마디로 사회개혁

발라, 「가죽 끈에 매인 개의 연속운동」(*Dinamismo di un cane al guinzaglio*), 1912.

프로젝트였다. 당연히 미래파가 관여하고자 했던 세계는 입체주의보다 거대한 것이었다. 마리네티와 피카소를 비교해 보라. 확실히 마리네티 가 피카소에 비해 더 '정치적' 이라는 느낌을 지울 수 없다. 물론 피카소 도 한때 공산당에 입당해서 활동하기도 했지만, 그의 정치활동은 일종 의 해프닝이었을 뿐이다. 피카소는 정치를 심각하게 생각해 본 적도 없 고, 자신이 몸담은 정당이 지향하는 것을 적극적으로 고심해 본 적도 없 었다. 좀 심하게 말하자면, 피카소의 정치활동은 쇼맨십에 불과했다. 그 러나 마리네티의 경우는 전혀 달랐다. 그는 가는 곳마다 정치논쟁을 불 러일으켰고 청년들의 관심을 끌었다. 1909년에 「미래주의 선언」과 함 께 마리네티는 「1차 미래주의 정치선언」을 발표한다. 그로부터 2년 뒤에 「2차 미래주의 정치선언」을 선보인다. 여기에서 중요한 건 마리네티가 「미래주의 선언」이라는 새로운 미학의 선언 옆에 나란히 새로운 정치의 선언을 놓았다는 사실이다. 이건 무엇을 뜻하는 것일까? 굳이 해설을 붙이자면, 마리네티에게 예술혁명은 정치혁명과 떼려야 뗄 수 없는 관계를 이루는 과정이었던 셈이다.

자코모 발라(Giacomo Balla, 1871~1958). 발라는 미래파 중에서도 영화에 많은 관심을 표명한 사람이다. 1916년에 발표된 「미래주의 영화 선언」에 참여했고 그 후로도 지속적으로 영화제작에 몰두했다.

과거의 전통을 부정하기 위해 입체주의를 채택하긴 했지만, 미래파는 입체주의의 한계를 뛰어넘고자 했다. 미래파가 보기에 입체주의는 형태의 분석에만 몰입하는 형식주의처럼 비쳤던 것이다. 이런 관점에서 미래파는 입체주의의 정적 이미지를 벗어나서 현대 생활의 역동성이 드러나는 정서들을 강조했다. 이 같은 연유에서 입체주의가 정물화, 초상화, 인물화, 풍경화를 선호했던 데 비해 미래주의는 빠른 속도로 달리는 자동차, 기차, 경주용자전거, 무희들, 움직이는 동물 등과 같은 대상을 표현하는 걸 주 임무로 삼았다.

미래파 화가들은 대상의 움직임을 표현하기 위해 사물의 윤곽을 리듬 있게 반복시키는 기법을 자주 썼다. 발라가 그린 「가죽 끈에 매인 개의 연속운동」과 「칼새들 : 운동의 궤적＋역동적 연속」 같은 작품들이

움베르토 보초니(1882~1916). 보초니는 미래파 미술에 대한 이론을 제공한 장본인이었다. 1912년과 1914년, 두 차례에 걸친 런던 전시회가 영국 예술가들에게 깊은 인상을 줬는데, 이를 계기로 젊은 화가들이 대거 윈덤 루이스가 이끌던 소용돌이파(vorticism)에 가담하기도 했다. 1차 세계대전 발발 후 군대에 소집되어 기병 훈련을 받다 낙마해서 다리가 부러졌고, 후유증으로 이듬해 사망했다.

여기에 속했다. 육안으로 식별할 수 없는 미세한 운동 이미지들을 초고속 카메라로 찍어 낸 것처럼 그린 그림들이다. 발라는 이 그림들을 일컬어 "속도의 본질적 동선과 법칙을 발견한 것"이라고 말했다. 발라는 자동 프로펠러의 움직임을 연구하다가 이런 작품을 구상하게 되었다고 했다. 발라의 그림에서 중요한 건 인위성이 배제된, 이른바 의식이나 도덕 같은 인간의 주체성이 소멸되어 버린 상태를 그대로 화폭에 옮겨 놓는 행위였다.

이런 관점에서 미래파는 입체주의를 주창한 입체파를 넘어선다. 미래파는 입체파처럼 하나의 화폭에 사물의 동시성을 담아냈지만, 입체파가 분석된 대상의 여러 측면을 동시에 보여 주는 데 만족하는 반면, 미래파는 동시간적으로 발생하는 상황 속에 놓인 모든 사물의 움직임들을 보여 주려고 했다. 이건 이른바 공감각이라고 부를 수 있는 여러 가지 '감각들'을 한꺼번에 표현하는 것을 뜻했다. 보초니의 작품 「거리의 소음이 집을 관통한다」는 이런 여러 가지 감각의 조합을 잘 보여 준다. 보초니의 그림은 시각뿐만 아니라 청각도 느낄 수 있도록 표현되어 있다. 보초니는 그림만 그린 것이 아니라 조각도 했다. 1912년 보초니는 조각에 대한 미래주의 선언을 발표했고 「공간에서 병의 전개」라는 특이한 작품

보초니, 「거리의 소음이 집을 관통한다」(*La strada entra nella casa*), 1911.

을 제작했다. 이듬해 그는 비슷한 주제로 「연속성의 독특한 형태들」이라는 작품을 발표했다.

　　보초니는 미래파 화가들 중에서도 가장 영향력이 있는 인물이었다. 그는 1882년에 이탈리아의 레조디칼라브리아에서 태어나서 1901년 디자인을 공부하기 위해 로마로 갔다. 보초니에게 그림을 가르친 이는 다름 아닌 세베리니와 발라였다. 이듬해 보초니는 파리로 건너가서 인상파와 후기인상파의 그림들을 공부했다. 보초니가 마리네티와 친분

보초니, 「공간에서 병의 전개」(Sviluppo di una bottiglia nello spazio), 1912.

을 맺기 시작한 건 1907년 밀라노에 정착한 뒤였다. 밀라노로 오기 전
에 보초니는 러시아를 여행하고, 파도바와 베네치아를 두루 거치면서
방황했다. 방황하는 보초니를 붙들어 맨 건 당시 불꽃처럼 번져 가던 이
탈리아의 청년예술운동이었다. 보초니는 미래주의에 열성적으로 참여
해서 회화와 조각의 미래주의 선언을 기초하는 데 관여하기도 했다. 보
초니는 1911년 가을 파리로 가서 피카소를 만났다. 그 후 보초니를 비
롯한 미래파 화가들은 파리, 런던, 베를린, 브뤼셀을 돌며 파격적인 전
시회를 가졌다. 마리네티는 스스로 "유럽의 카페인"이라고 자신을 지칭
하면서 런던의 아방가르드 예술가들로부터 지지를 받고자 노력했지만
크게 성공을 거두지 못했다. 당시 런던은 산업기술의 최고봉이었고 런

던의 아방가르드는 보수주의적 사회 분위기에 대항하기 위해 고군분투하고 있었다. 미래파는 이런 런던의 아방가르드 예술운동에 동참해서 다양한 정치적 이슈를 표현하기 위한 작업들을 펼쳤다.

이런 와중에 마리네티는 런던에서 윈덤 루이스를 만났다. 루이스는 나중에 파시즘을 지지했던 영국의 화가이자 소설가다. 루이스는 슬레이드 미술학교에서 교육을 받고 브르타뉴에서 뮌헨, 그리고 파리를 두루 여행했다. 1909년 런던으로 돌아왔을 때 루이스는 과거의 루이스가 아니었다. 그는 프랑스와 독일의 사상과 예술로부터 세례를 받고 자신만의 심미적 철학을 만들어 냈다. 루이스는 미래주의에 대해서도 익히 알고 있었고 그의 회화작품은 보초니를 연상시키는 기법을 채택하기도 했다. 나중에 설명하겠지만 루이스와 미래파는 공통점보다 차이점이 더 많지만 그의 작품은 분명 미래파의 영향을 받은 것이라고 볼 수가 있다. 이렇게 차이가 많은 미래파와 루이스를 이어주는 사상적 가교는 바로 독일의 철학자 프리드리히 니체와 아나키즘이었다.

니체는 프랑스의 철학자 앙리 베그르송과 더불어, 미래파의 사상에 막대한 영향을 미쳤다. 미래파가 출현할 무렵 니체는 이탈리아 예술가들의 가슴에 불꽃을 달아 주는 횃불 같은 존재였다. 이들에게 니체는 자신의 조국을 짓누르고 있는 인습과 후진성을 동시에 극복하게 해줄 묘약 같은 것이었다. 니체는 당시에 가장 인기를 구가하고 영향력 있었던 철학자였다. 어떻게 보면 니체는 철학자의 차원에 머문 것이 아니라 이국적 우상처럼 받아들여졌다고 해야 할 것이다. 한마디로 젊은이들에게 니체는 스타였다. 프리모 콘티는 마리네티와 미래주의에 대한 인터뷰에서 이렇게 말했다. "우리에게 니체는 모든 것을 의미했다. 그는 도

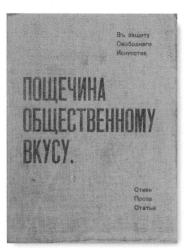

블라디미르 마야코프스키의 시집 『대중의 취향에 따귀를 때려라』의 표지, 1912.

덕주의와 중용주의로부터 우리를 해방시켜 줄 존재로 비쳤다. 그는 신생의 힘이었고, 혼돈으로부터 우리를 구원해 줄 메시아였다. 기존에 쌓여 온 모든 것에 대한 의심을 가능하게 했다. 이 모든 행위들이 니체와 연결되어 있었다.” 마리네티와 미래파가 초기에 이런 니체의 영향력에서 자유롭지 못했다는 건 명백하다. 마리네티의 초기 작품은 『차라투스트라는 이렇게 말했다』라는 니체의 책을 많이 인용하고 있다. 마리네티가 니체의 철학을 접한 건 파리 시절이었던 것으로 추측된다. 1893년에 니체의 저작들이 프랑스어로 출간되기 시작했고, 마리네티는 이런 프랑스어 번역본을 통해 니체를 처음 접했던 것이다.

물론 마리네티나 다른 이탈리아 청년 예술가들이 니체의 철학을 제대로 이해하고 수용했다고 보기는 어렵다. 니체는 호기심의 대상이었다. 그는 초근대적 언어를 구사하면서 이상한 것들에 대해 말하는 철학자였다. 이런 스타일이 이탈리아 예술가들에게 다가올 미래에 대한 계시처럼 받아들여졌던 것이라고 하겠다. 니체는 당대인들에게 이해될 수 없는 미래의 무엇이었다. 니체는 규범과 시대를 넘어서서 존재하는 미지의 대상이었다. 이런 상황에서 니체의 전모는 온전하게 드러날 수가 없었다. 말하자면, 아주 피상적인 차원에서 니체는 입맛에 맞게 수용되었을 뿐이다. 당연히 이탈리아 청년 예술가들의 구미에 맞은 니체의 철

학은 "초인"(Übermensch)이나 "힘을
향한 의지"(Wille zur Macht) 같은 개
념들에 지나지 않았다.

결국 이들에게 니체는 '미래'와
'힘'이라는 두 가지 말로 요약된다. 니
체가 중요한 것이 아니라 과거와 현재
를 초월해서 미래로 가는 그 힘찬 역동
이 이들에게 필요했던 것이다. 니체는
이를 위한 하나의 이미지 또는 상징적
아버지에 불과했다. 마리네티가 초기
에 베르그송의 생기론에 심취하는 것
도 이와 무관하지 않다. 모든 문명의
질곡을 벗어나서 역동적으로 뻗어 나

10대의 마야코프스키. 마야코프스키는 1905년 러시아
혁명에 자극받아 1908년 14세의 나이로 혁명 대열에 뛰
어들었다. 그에게 미래주의는 혁명의 탄환을 발사하는 기
관총이었다.

가는 힘이야말로 이들이 예술을 통해 표현하고 싶었던 것인데, 말하자
면 현재의 모든 걸 부정하고 싶은 열망을 이들은 이렇게 표현했던 것이
다. 후발 자본주의 국가의 낙후된 근대성을 하루아침에 뛰어넘고자 하
는 의지야말로 이들이 니체를 통해 얻은 알리바이였다.

이런 미래파의 영향이 꽃을 피운 곳이 역시나 당시 후발 자본주의
국가 중 하나였던 러시아였다. 앞서 언급한 마야코프스키가 바로 러시
아 미래파의 대표주자이다. 러시아의 미래주의는 마리네티의 러시아 방
문을 계기로 불꽃을 지폈다. 이탈리아 미래주의에 고무된 마야코프스키
는 「대중의 취향에 따귀를 때려라」라는 글에서 "과거는 갑갑하다. 아카
데미와 푸슈킨은 상형문자보다 더 이해하기 힘들다. 푸슈킨, 도스토예

프스키, 톨스토이 등을 현대의 기선에서 던져 버려라"라며 목소리를 높였다.

한편 보초니는 조각에도 관심을 갖게 되어 마야코프스키가 대중의 취향에 따귀를 날려야 한다고 핏대를 세울 때 조각에 대한 미래주의 선언을 발표했다. 그는 말로만 그치지 않고 곧장 조각 작품을 제작해서 「공간에서 병의 전개」와 「연속성의 독특한 형태들」 같은 특이한 작품들을 남겼다. 특히 「연속성의 독특한 형태들」은 속도와 힘이라는 미래주의 고유의 중요한 테마를 잘 보여 주고 있는 작품으로 유명한데, 이렇게 왕성한 작품 활동을 하던 보초니는 1916년에 생을 마감한다. 보초니의 죽음으로 인해 미래파는 미술 부문에서 내리막길을 걷기 시작했다. 그의 죽음과 무뎌진 패기는 미래파의 앞날을 어둡게 했고 결국 1차 세계대전의 발발과 더불어 미술 부문에서 미래파 운동은 막을 내린다. 그러나 미래파의 종언이 곧 미래주의의 끝을 의미하지는 않았다. 미래파 미술들이 이룩한 성과는 그 이후 서구 미술사에서 중요한 영향력들을 계속 발휘했다. 미래파의 허무주의는 전후의 다다이즘으로 계승되었고, 러시아와 미국에서 여전히 미래파의 충격은 지속되었다.

미래주의의 사회적 배경

1909년 이탈리아는 불안한 나라였다. 먹물 좀 먹은 이탈리아의 식자들은 다른 유럽 국가에 비해 근대화가 늦었다는 사실에서 두려움과 자괴감을 느끼고 있었다. 이런 자괴감을 상쇄할 대안이 강력한 국가에 대한 염원이었다. 이런 염원은 경제성장에 따라 점점 강화되기 마련이다. 마리네티가 미래주의를 주창한 건 이런 역사적 배경을 갖고 있었다. 한창

경제성장을 이루어 나가는 국가는 대개 '장밋빛 미래'에 대한 판타지를 선전하기 마련이고, 미래주의는 이런 판타지에 대한 미래파의 응답이었다. 성장 드라이브가 걸린 상황에서 중요한 건 현재도 과거도 아니다. 오직 미래만이 중요하다. 과거와 현재도 미래를 위해서만 가치와 의미를 가질 수 있다는 뜻이다. 이런 조건이 미래파를 출현시켰기에, 미래주의와 미래파는 이탈리아의 정치경제적 상황이

조반니 졸리티(Giovanni Giolitti, 1842~1928). 1892년 총리로 임명된 뒤 네 차례 총리직을 역임했다.

제약하는 한계에서 자유롭지 못했다. 미래파들에게 이런 한계는 이탈리아의 현실적 후진성에 대한 반작용으로, 유럽에서 자신들이야말로 가장 앞서 있는 예술집단이라는 야망을 품도록 했다.

미래파의 출현이 가능하도록 만든 이탈리아의 불안한 정치사회적인 상황은 아나키스트들, 생디칼리스트들, 민족주의자들, 극단적 사회주의자들을 양산해 냈다. 물론 이들은 주류집단이라고 보기 어려웠지만, 당시 통치자였던 조반니 졸리티에게 이런 사실이 그렇게 반가운 일은 아니었다. 흥미로운 건 각자 다른 사상과 이념을 가지고 있음에도 불구하고, 이들은 팽창주의적 기업국가로 이탈리아가 나아가야 한다고 언제나 한목소리를 내었다는 점이다. 이런 팽창주의에 동의하는 세력들이 들고 나오는 슬로건은 '전쟁과 사회통합'이기 마련이다. 이런 주장은 당시 이탈리아의 젊은 층에게서 광범위한 지지를 받을 수밖에 없었다.

당연히 이들이 보기에 졸리티는 전쟁을 두려워하는 겁쟁이에 불과했을 것이다.

　사실 이탈리아의 식민지 경영에 실패한 인물은 졸리티가 아니라 프란체스코 크리스피의 독재정권이었다. 크리스피 정권은 부정과 부패가 극에 달해 아두와 전투에서 에티오피아에게 패함으로써 권력을 잃었다. 그럼에도 이탈리아인들은 크리스피의 독재정권이 통치하던 시절에 대한 향수가 있었다. 마치 한국의 박정희 향수처럼 말이다. 결국 현실을 지배하는 건 현 정권에 대한 강렬한 반발심. 슬라보예 지젝의 말처럼 이런 반발심은 폭력성이 제공하는 실재의 경험에 대한 집착을 내포하고 있다. 결국 폭력성이 강력한 국가에 대한 표상처럼 받아들여지게 되는 것이다. 이런 상황은 상당히 모순적이다. 마리네티는 분명 크리스피의 식민주의를 지지했지만, 반파시스트 자유주의자이자 나중에 무솔리니의 친위대에 의해 암살당하는 조반니 아멘돌라와 같은 졸리티 비판세력에 대해 우호적이었다. 아멘돌라는 극우파들에 대항한 저널리스트이자 정치가였다. 그는 무솔리니의 반대편에 서서 자유주의연합의 수상으로 출마했다가 낙선했지만, 그 후에도 신문칼럼을 통해 반파시스트 투쟁을 계속했다. 이런 아멘돌라조차도 민족주의의 자장에서 자유롭지 못했는데, 그는 『라 보체』에 실린 글에서 졸리티 정권을 일컬어 "민족의 앞길에서 제거해야 할 거대한 방해물"이라고 비판했다. 여하튼 당시 이탈리아는 좌우를 막론하고 무엇인가 새로운 철학적 토대가 필요했고, 이에 따른 실천이 절대적으로 요청되고 있었다. 미래파는 이런 필요와 요청에 예술적으로 응답한 것이라고 볼 수 있다.

　미래파는 아마도 온건한 방법을 통해서는 아무것도 이룰 수 없다

사열을 받고 있는 이탈리아 파시스트 소년단원들. 소년단원들은 아주 어린 나이부터 정규 군사훈련을 받아야 했고, 정치선전에 동원되어야 했다. 소년단원들은 종교적인 생활을 하고 군사훈련을 받으며 학문을 연마해야 했다. 이런 소년단원들의 규율은 "책과 총이 완벽한 파시스트를 만든다"(Libro e moschetto-fascista perfetto)는 모토를 실천하는 일이기도 했다.

고 생각한 모양이다. 이탈리아의 후진성은 미래파들의 마음에 조바심을 불러일으켰다. 이런 조바심은 분노로 발전하기 마련이다. 미래파를 밀어 간 것이 분노라는 사실은 의미심장하다. 이런 분노가 죽은 예술을 미래주의가 밀어내는 것과 동시에 새로운 정치적 개화기가 도래할 것이라는 믿음을 가능하게 만들었다. 정치적 혁신을 단행할 예술이 무엇인지에 대한 물음에 답하고자 했던 시도를 우리는 미래주의라고 볼 수가 있다. 이런 면에서 파시즘과 미래주의는 떼려야 뗄 수 없는 관계를 형성했다. 과거의 폐허 속에서 새로운 것을 만들어 낸다는 슬로건에서 이들은 유사했지만, 또한 처음부터 함께할 수 없는 것들도 있었다. 누구나 지적하는 문제지만, 파시즘과 미래주의의 불안한 동거는 미학과 정치 사이에서 발생하는 모순을 전혀 해결하지 못한 채 사생아를 낳고 말았다. 무솔리니는 미래주의를 전적으로 신뢰하지 않았지만, 그렇다고 완전히 내치지도 않았다. 오히려 무솔리니는 미래주의에 내재한 폭력성과 기계 예찬을 장려하기까지 했다.

기술의 발전은 공간에 대한 인간 경험의 양상을 바꿔 놓았다. 전화, 영화, 자동차, 비행기 같은 새로운 문물들은 인간의 경험을 언어를 통한 간접성에서 언어를 통하지 않는 직접성으로 바꿔 놓았다. 이제 물질은 인간성의 중재를 거치지 않고 그대로 드러나게 된 것이다. 의식은 이제 인간의 사유를 통해 만들어지는 것이 아니라 직접적 감각을 통해 형성되는 것이었다. 이런 깨달음에 따라 물질과 의식 사이의 경계를 없애 버리려고 하는 여러 지적 움직임이 일어났다. 당연히 이런 상황은 기존의 인식체계에 대혼란을 초래하는 것이기도 했다. 우리가 마리네티를 위시한 미래파의 출현을 이해하기 위해서는 이런 배경에 대한 이해가 전제되어야 하는 것이다.

미래주의의 미학적 배경

예술사라는 측면에서만 본다면, 미래주의가 출현하게 된 배경은 아주 복잡하다. 물론 미래파들은 미래주의야말로 유럽예술에서 '최첨단'이라고 믿고 싶었겠지만, 딱히 이들을 이렇게 보아 줄 근거가 명확했던 건 아니다. 왜냐하면 미래주의와 유사한 주장을 미학사에서 발견하기란 어려운 일이 아니기 때문이다. 주관적 의지와 객관적 현실은 서로 달랐다고 해야 할까? 미래파들에게 미안하게도 19세기부터 미래주의 상상력은 유럽문화 깊숙이 뿌리를 내리고 있었다. 19세기 프랑스의 상징주의나 프랑스 신인상파들, 그리고 분할주의 회화들이 그렇고, 앞서 말했듯

항공사진을 보면 초기 미래파 화가들에게 영향을 준 분할주의 미학이 추구한 목적을 발견할 수 있다. 결국 이들은 그림을 통해 '세계의 총체'에 도달하고자 했던 것이다.

이 입체주의는 누가 봐도 미래주의와 쌍둥이처럼 닮아 있다. 어떻게 보면 미래주의는 이런 여러 예술운동들이 공유하고 있었던 상상력을 이탈리아라는 토양에서 키워 낸 것뿐이다. 게다가 이탈리아 미래주의의 형성은 앞서 말한 예술운동보다 늦게 출현했다.

역설적이지만, 미래주의는 상당히 때늦은 아방가르드였다. 그래서 미술 분야에서 보초니나 발라, 그리고 카라가 미래주의를 선언하면서 등장했을 때, 이들의 작품 경향은 상당히 분할주의 회화들을 연상시켰다. 회화기법의 차원에서 이들은 전혀 혁신적인 안들을 내놓지 못했다. 세잔의 기법을 새롭게 발견하면서 출현했던 야수파나 초기 입체주의에 비한다면, 이들의 출발은 정말 싱거운 뒷북이었다. 미래파는 1910년에 가서야 야수파나 입체파의 기법들을 발견하고 이것들을 절충해서 자신들의 방식을 확립한다. 이런 뒤늦은 출발이야말로 미래파의 정체성을 구성하는 무엇이었다. 미래파의 절충주의는 단순한 현상이 아니라 미래주의를 규정할 수 있는 본질일지도 모른다. 누군가 미래주의가 뭐냐고 묻는다면, 그건 야수파와 입체파, 그리고 분할주의적 신인상파를 적당하게 버무려 놓은 짬뽕이라고 대답해도 과장은 아닐 것이다. 실제로 이들이 강조한 속도라는 건 필연적으로 절충을 예고할 수밖에 없는 무엇이었다. 생각해 보라. 남들보다 공부는 안 했는데 시험 날짜가 임박했다면 속도를 내서 벼락치기 공부를 할 수밖에 없는 것이다. 회화와 조각을 단번에 새롭게 만들고자 했던 이들은 차곡차곡 성과를 축적시키기보다 이미 이룩된 결과물을 한꺼번에 섭취해서 하나로 버무려 내놓으려고 하는 조급증의 포로가 될 수밖에 없었다.

　이런 맥락에서 미래주의 선언은 세 가지 중요한 이슈를 중심으로 회전하고 있다. 첫번째로 이들은 각기 다른 감각들의 합일을 주장했다. 시각과 청각, 그리고 촉각을 동시적이고 총체적인 것으로 보고자 했다. 이른바 공감각과 운동감각으로 모든 감각을 파악하려고 했다. 두번째로 미래주의는 회화의 의미를 기술의 작용과 동일시했다. 그러니까 회화의 의미를 광각과 재현의 기술로 봤다. 이런 맥락에서 보면, 회화의 현대화는 바로 사진과 영화다. 마지막으로 미래주의는 과거의 문화나 부르주아 전통의 유산들을 저주하면서 예술과 기술을 하나로 통합시킬 필요가 있다고 역설했다. 물론 이 대목은 무엇 때문에 미래주의가 전쟁과 파시즘을 찬양했던 것인지를 짐작하게 만든다.

　미래주의의 원칙은 과거를 부정하고 미래를 앞당기는 것이었다. 때문에 전쟁과 파시즘은 이런 미래주의의 전망을 현실영역에서 정치적으로 현실화시킬 수 있는 힘이었다. 미래파가 공감각과 운동감각에 초점을 맞춘 까닭은 부르주아 미학을 거부하고자 했기 때문이다. 이들은

에티엔-쥘 마레(Étienne-Jules Marey)의 연속사진술. 마레의 사진술은 사진과 그림의 관계를 이해하기 위한 중요한 증거를 제시한다. 연속사진술은 인간의 시각으로 보이지 않던 운동 이미지를 보여 줬고 아방가르드 미술은 이를 적극적으로 회화 기법에 차용했다.

부르주아 미학이 예술을 정적인 이미지에 가둬 놓는다고 생각했다. 부르주아는 귀족사회를 타도하고 새로운 체계를 세웠지만 예술이념과 취향은 귀족계급을 답습했다. 미래파는 이런 답습의 순환 고리를 끊어 버려야 한다고 보았다. 미래파가 동시성과 육체적 운동성의 경험을 새로운 예술의 대상으로 만들려고 했던 건 이런 부르주아 미학을 극복하기 위한 노력의 결과였다. 운동의 인식을 공간에서 움직이는 육체에 대한 재현의 통합적 요소로 만들려고 했던 시도는 프랑스 과학자 에티엔-쥘 마레의 연속사진술(chronophotography)에서 촉발된 것이었다. 원래 'chrono-'라는 말은 시간을 뜻하는데, 말 뜻 그대로 해석하면 시간을 찍는 사진술을 의미한다.

마레는 자신의 사진술을 예술로 생각하지 않았다. 비슷한 시대에 달리는 말의 형상을 연속촬영해서 전시했던 영국인 이드워드 머이브리지와 상당히 다른 태도다. 머이브리지는 자신의 작업을 예술작품이라고 생각했다. 미래파가 마레의 기술관을 받아들였다는 점은 확실히 홍

보초니, 「연속성의 독특한 형태들」(Formeuniche),
1913.

미룹다. 마레는 생리학적 관점에서 인간의 동작을 차갑게 기록하려고 했는데, 이런 측면들이 미래파의 반전통주의에 영향을 미쳤다.

보초니는 분할주의의 관점에서 마레의 사진술을 받아들였고 자신의 작품에 반영했다. 이처럼 미래파의 작품들은 동작의 흐름을 그려 낸다는 신조를 실천했지만, 흥미롭게도 회화 장르가 근본적으로 드러내는 한계를 무너뜨리려고 노력하지는 않았다. 이들의 실험은 말 그대로 기존의 장르라는 한계 내에서 이루어진 까닭에 '그림' 자체에 의문을 제기하는 수준에 도달하지 못했다. 이런 차원에서 미래주의는 기술과 회화의 의미를 직렬로 연결했는데, 이 말은 기술을 곧 회화의 모방양식으로 간주했다는 뜻이기도 하다. 이 지점에서 미래파는 기술을 모방능력의 발전으로 파악하고 있는 셈이다. 이런 생각은 기술을 산업사회의 생산이라는 거대한 차원에서 분리해 버리는 결과를 낳았다. 말하자면 기술을 역사나 사회의 문제로 파악한 것이 아니라 모방이라는 예술 범주와 관련지어 받아들인 것이다.

보초니의 작품들은 어떻게 보면 전통적인 조각기법을 그대로 차용해서 자신의 이념을 표현하려고 했다. 예를 들어 대표적인 그의 조각작품, 「연속성의 독특한 형태들」은 전통적인 소조와 주물방식을 통해 제작되었는데, 다른 점이 있다면 이런 전통적 방법을 통해 '산업적인 재료

카라의 콜라주 작품 「간섭주의자 선언문」(*Manifestazione interventista*), 1914.

성'을 구현하려고 했다는 점이다. 이건 분명 아이러니다. 요즘 유행하고 있는 설치미술이나 입체미술 작품들을 떠올려 보면 무슨 뜻인지 알 수 있을 것이다. 설치미술이나 입체미술은 소조나 주물을 통해 공산품의 이미지를 만들지 않는다. 오히려 반대로 공산품을 이용해서 이미지나 형태들을 만든다. 빈 병이나 쓰레기를 모아서 작품을 만드는 일도 다반사다. 얼마 전 영국에서는 갤러리 청소부가 쓰레기를 재료로 만든 미술 작품을 진짜 쓰레기인 줄 알고 모두 갖다 버린 사건 때문에 미술계가 발칵 뒤집힌 적이 있었다. 도대체 예술이란 것이 무엇인지에 대한 심각한 토론을 유발하기도 했던 이 사건은 현대미술사에 발생한 하나의 해프닝으로 두고두고 회자될 일이다.

콜라주를 통해 공산품의 이미지를 만들어 낸다는 점에서 미래파들은 아방가르드적 감수성을 대중문화와 결합시키는 방향으로 나아갈 수밖에 없었다. 오늘날 이런 결합을 가장 손쉽게 목격할 수 있는 장르는 광고다. 원래 유럽의 고급 모더니즘과 아방가르드는 상업주의와 대척점에 서 있었지만, 아이러니하게도 미래주의에서 이 둘은 서로 화해를 하고 있는 듯하다. 물론 이런 경향성은 단순하게 재단할 수 있는 것이 아니다. 사정이 이렇다고 해서 미래파가 상업주의와 놀아난 변절자들은 아니라는 뜻이다. 어떻게 보면 이들은 자본주의라는 충격적인 체제의 출현에 미학적으로 맞서고자 했던 것이기도 하기 때문이다. 자본주의는 기존의 제도와 전통을 해체하고 모든 것을 세속화의 메커니즘 속에 녹여 버리는 불가사리였다. 많은 예술가들이 이런 자본주의에 대항해서 미적 도피처를 찾았는데, 미래파들은 이런 관조적 모더니즘을 비겁하다고 생각했다. 그러나 미래파들은 본인들의 의도와 전혀 다른 운명 속으

미래파에게 언어는 의미이기에 앞서 이미지이기도 했다. 마리네티, 『자유의 낱말들』(Parole in libertà), 1912.

로 한발 한발 다가서고 있었다. 파시즘 문제도 그렇다. 미래주의를 구성하는 심층의 논리는 삶을 '움직이게 하는 것'이었지만, 결과적으로 이런 생각은 자본주의라는 막강한 체제논리로부터 자유로울 수가 없었다.

마리네티의 선언에서 출발했다는 측면에서 보더라도 미래주의는 상당히 '문자 언어'에 집착했다고 할 수 있다. 1차 세계대전 이전까지 미래파들은 신문이나 광고 같은 인쇄물 조각들을 이어 붙이거나 병치시킨 콜라주를 자주 선보였는데, 이런 방식은 기존의 언어체계를 허물고 무한한 언어의 해방을 역설했던 마리네티의 시학과 밀접하게 관련이 있는 작업이었다. 마리네티는 '자유언어시'라는 걸 창안했는데, 이런 시는 언어의 자유를 형식적으로 표현하기 위해 시어의 통사적 구조를 마구 휘저어 놓는다. 이런 시도는 단순하게 시어를 혼란시키는 것이 아니라 문장의 구성 자체를 시각적으로 분절시켜 보여 주는 것이기도 하다.

마리네티가 석판화를 이용해서 만든 책.

물론 이런 '자유로운 시어'에 대한 생각은 19세기 상징주의 시인들한 테서도 발견되는 것이다. 그러나 표면적으로 마리네티는 이런 프랑스 상징주의 시인들에 반대했다. 그는 프랑스의 시인 말라르메의 시학으로부터 많은 영감을 받았지만, 말라르메가 정태적이고 내밀한 언어관을 고수한다고 비판했다. 마리네티는 고급 모더니즘의 언어주의가 못마땅했던 것이다. 말라르메의 상징주의처럼 언어를 가두고 결박하는 방식이 아니라, 언어를 완전한 자유 속으로 풀어 놓는 일을 마리네티는 시라고 봤다. 이것을 마리네티는 무선통신에 빗대어 "무선의 상상력" (wireless imagination)이라고 불렀다. 오늘날에 와서 돌아보면 참으로 놀라운 선견지명이 아닌가? 휴대폰과 무선인터넷에 익숙한 21세기를 이미 예견한 듯하다.

마리네티는 화용론적 측면에서 언어의 수행성을 강조했는데 이런 측면은 현대 프랑스 철학의 입장과 유사하다. 이런 맥락에서 마리네티의 언어관은 전통을 거부한다. 물론 전통에 대한 거부는 모더니즘 예술 모두가 실천한 것이기도 하지만, 마리네티에게 시어의 혁명은 특별한 것이었다. 마리네티는 언어를 구속한다고 여겼던 의미, 통사, 문법을 벗어나서 순수하게 음성적이고, 텍스트적이고, 시각적인 수행을 통해 언어를 해방시키고자 했다. 그러나 마리네티의 실험은 시인의 의도와 상관없이, 언어의 모방작용에 초점을 맞춤으로써 결국 언어적 재현이라는 전통적 한계성 내에 예술의 수행성을 한정시켜 버리는 모순을 범했다. 말하자면 기존의 언어체계를 부정하긴 했지만 언어의 모방성이라는 범주는 포기하지 않았던 것이다. 아무리 실험적이어도 마리네티의 자유언어는 무엇인가를 모방하는 것을 목적으로 한다. 이런 한계 때문에 마야코프스키 같은 러시아 시인들은 마리네티를 비판했다. 당시에 러시아 시인들은 이미 구조주의 언어관과 유사한 입장에서 언어를 이해하고 있었기에 오히려 마리네티의 주장을 구태의연한 재현론의 재판으로 받아들였음직하다. 구조주의 언어관이라는 건 언어가 의식 바깥에 있는 사물을 복사하는 것이 아니라고 생각하는 관점으로, 의미화라는 것 자체가 우연의 조합에 지나지 않는다고 보는 입장이다. 달리 말하면, 언어는 재현이나 모방과 관계없는 일종의 객관적 구조라는 것이다. 이런 관점에서 러시아 시인들은 이미 언어의 음성적 측면을 시각적 기호성에서 분리해 이해하고 있었다. 미래주의를 역설하러 러시아에 갔던 마리네티는 러시아의 미래파로부터 한 수 배워야 할 처지였던 셈이다.

미래주의의 정치적 배경

1차 세계대전 이후, 이탈리아는 정치적 혼돈을 잠재울 특단의 조치를 갈구했다. 파시즘은 이런 요구와 조건 속에서 출현했다. 이런 상황은 미래주의에 대한 관심을 촉발시켰다. 미래주의에 내포된 이데올로기와 정치학이 과거를 청산할 이념적 수단으로 조명받기 시작했다. 물론 미래주의에 대한 새삼스런 관심은 당시 전통을 거부하고 기술을 찬양하는 파시즘의 문화논리와 무관한 것이 아니었다. 파시즘이란 무엇인가? 많은 논란에도 불구하고, 파시즘은 하나의 정치사상으로 대접받아야 할 충분한 이유가 있다. 파시즘이 훌륭한 정치사상이라는 뜻이 아니다. 선악의 판단 너머에서 본다면, 파시즘 또한 산업자본주의에 대응했던 유럽민중의 심리적 기제들을 내포하고 있다는 것이다. 겉으로 보기에 부르주아에 대한 적개심을 드러냈고, 이른바 전통의 이름으로 강요되는 모든 제도적 습관을 거부했던 것이 파시즘이었다. 이런 파시즘의 속성이 유럽민중, 특히 젊은 층의 마음을 사로잡았다. 따라서 파시즘은 좋거나 나쁘다는 윤리적 판단 너머에서 리얼리티를 증언하고 있는 징후인 것이다.

물론 파시즘이 자본주의 자체를 거부하는 건 아니다. 다만 파시즘은 부르주아가 자본주의를 망쳐 놓고 있다는 믿음에 편승하는 정치논리다. 무한한 자본의 자유, 사실 이것이 파시즘의 논리고, 이걸 실현시키기 위해 필요한 것이 부르주아를 통제할 수 있는 독재자다. 오늘날 한국에서 쉽사리 목격할 수 있는 '박정희 향수' 또한 이런 맥락에서 이해가 능하다. 한국이 원하는 건 삐걱거리는 자본주의를 제대로 작동시켜 줄 슈퍼맨이다. 쾌락을 주던 자본주의가 더 이상 즐겁지 않을 때 사람들은 파시즘을 갈망한다. 따라서 파시즘은 자본주의의 위기와 함께 찾아오는 망령 같은 것이다.

여하튼, 파시즘이 설파했던 기술에 대한 찬미와 전통에 대한 적대감은 그대로 미래주의의 미학논리와 연결되는 것이었다. 과거를 혐오하고, 부르주아 문화를 폭력적으로 해체해야 한다는 주장은 파시즘과 미래주의를 연결하는 이념적 연결고리였다. 미래주의는 예술활동과 전쟁을 기술의 최고 발전단계라고 말하면서 동일시했다. 마리네티의 미래주

무솔리니(책을 들고 있는 사람)와 함께 있는 마리네티(가운데), 1932.

의 선언은 이 모든 것을 담고 있는 요약본 같은 것이다. 이 선언에서 마리네티는 파시즘의 출현 이전에 이미 폭력과 권력의 비합리성을 공포하고 있기 때문이다. 이런 비합리성과 미래주의의 관련성은 속도에 대한 찬양에서 드러난다. 마리네티는 자동차를 몰고 가다가 흙탕물 속으로 나뒹군 경험을 통해 각성의 순간을 맞이했다고 진술하는데 이것이야말로 폭력과 권력의 매혹을 암시하는 것이라고 할 수 있다.

마리네티 미학의 핵심은 시간과 공간이 옛날에 사라졌다는 주장에서 명백하게 드러난다. 이 말은 마리네티의 미학이 현대 기술문명의 궁극적 지향점인 '시공간의 죽음'을 감지하고 있었다는 사실을 보여 준다. 이런 측면은 미래주의에서 오늘날 운위되고 있는 포스트모더니즘과 유사한 특성을 발견하게 만든다. 이런 유사성에 근거해서 포스트모더니즘의 파시즘 친화성을 논하는 주장도 없지는 않다. 그러나 포스트모더니즘이 미래주의와 유사하다고 해서 곧바로 파시즘과 연결될 수 있는 건 아닐 터이다. 미래주의와 파시즘 사이에도 엄연히 괴리가 있다는 사실이 잘 말해 주듯이, 미래주의와 포스트모더니즘 사이에 유사성이 있다고 해서 이 둘을 같은 것으로 동일화시켜 버리기는 어렵다. 여하튼 마리네티의 속도 찬양은 시공간의 죽음이라는 생각과 연결되어 있다. 이런 생각은 절대시간에 대한 갈망에서 기인한다. 절대시간. 결국 절대시간이라는 건 어떤 시간의 흐름에도 영향을 받지 않는 시간, 다시 말해서 모든 공간적 거리가 소멸해 버린 상태를 뜻한다. 마리네티는 바로 이런 상태를 갈망하면서 이탈리아라는 근대 유럽의 변방에서 태어난 자신의 처지를 극복하고자 했다. 시간과 공간의 차이가 소멸해 버린 곳이라면 이탈리아라는 변방의 후진성도 사라져 버릴 것이다. 그러므로 마리네티의 미학은 구조적 소외에 직면한 주체가 문화적으로 이를 넘어가고자 하는 상징행위라고 할 수 있다.

확실히 마리네티가 전쟁을 찬양한 건 이런 미학논리와 무관하지 않다. 산업기술과 기계미학의 조합이 당도한 곳은 결국 전쟁이었다. 왜냐하면 기술과 기계가 가장 적나라하게 전통과 부르주아 문화를 파괴해 버리는 곳이 전쟁터이기 때문이다. 부르주아가 건설한 많은 도시들이 막강한 기계화 무기들의 위력 앞에서 폐허가 되었다. 이 폐허의 이미지야말로 마리네티와 미래파들에게 새로운 창조의 징조였던 셈이다. 극단의 순수주의는 강력한 국가권력이라는 적과 쉽게 동침한다. 이건 분명 아이러니지만, 또한 냉혹한 현실이기도 하다. 초법적 국가권력은 세속의 논리를 떠나 있다는 측면에서 순수하게 대중에게 받아들여지는 것이다. 세속을 '썩은 장소'로 보고 이를 지양할 방법을 찾는 정치사상은 대개 이런 방식으로 유토피아에 대한 대중의 열망을 사로잡는다.

전쟁=혁명, 1차 세계대전 당시 미래주의자들의 신문(왼쪽)과 1919년에 출간된 『다다』 창간호(오른쪽).

아방가르드적 감수성에 불타오르던 청년 마리네티는 과감하게 전통에 대한 혼자만의 전투를 선언한다. 그의 적은 이른바 문화제도였는데, 오페라하우스, 극장, 도서관, 박물관이 이것을 표상하는 구체적 대상이었다. 아방가르드와 전통, 이 둘은 사실 화해할 수 없는 사이다. 이화해할 수 없는 간극에서 마리네티는 미래주의의 가능성을 발견했다. 그에게 아방가르드는 역사적 연속성과 기억을 지워 버릴 무대 같은 것이었다. 예술과 기술을 같은 것으로 파악했던 마리네티의 입장은 1차 세계대전 이후에 우파 정치학과 결합하게 되는데, 이런 경우는 마리네티가 유일하다. 다다이즘이나 초현실주의는 실제로 파시즘과 상극을 이루었고, 오히려 극도의 현실정치 혐오를 동반하는 것이었지만, 마리네티는 이런 일반적 경향과 정반대의 길로 나아갔던 것이다. 비록 낙선하긴 했지만 마리네티는 당시 파시스트 정당에 국회의원으로 출마하기도

세베리니(1883~1966). 보초니와 절친한 친구였던 세베리니는 초기에 인상파와 입체파의 영향을 받았다. 보초니의 소개로 발라와 만난 세베리니는 분할주의를 사사하였고, 이후로도 그의 작품세계는 분할주의 경향을 강하게 보여 줬다. 토스카나의 코르토나에서 태어난 세베리니는 이탈리아를 떠난 뒤로는 한번도 고향에 돌아가지 않았지만, 죽은 뒤에 코르토나에 묻혔다.

했다. 후일 그는 무솔리니의 문화고문이 됨으로써 현실정치와 미래주의 예술이념을 접목하겠다는 뜻을 이룰 수 있었다. 파시즘과 협력함으로써 마리네티는 유럽 아방가르드 예술의 최대 적이 되어 버린 꼴이었다.

도대체 왜 이런 일이 발생한 것일까? 의견이 분분할 수 있겠지만, 아방가르드 예술 특유의 불확정성 때문에 이런 일이 벌어졌을 공산이 크다. 부르주아가 만들어 낸 공공영역에서 출현한 아방가르드 예술은 그 속에 안주하든가 아니면 새로운 공공영역의 형성에 기여할 필요가 있었다. 이런 맥락에서 부르주아의 유산을 거부한 세력들은 파시즘과 사회주의 중 하나를 택하는 것을 최선으로 생각했다. 물론 비겁하고 철없어 보이긴 했지만, 다다이즘처럼 정치적 영역을 무시하고 제도와 담론의 영역에서만 부르주아 문화의 해체를 단행할 수도 있었을 것이다. 그러나 이런 선택은 비겁하고 철없어 보이는 만큼 무기력한 것이기도 했다.

1916년 보초니와 산텔리아의 죽음, 그리고 카라와 세베리니의 미학적 전향으로 인해 미래파는 아방가르드 운동에서 이탈하게 된다. 세베리니는 기존의 입체파적이고 분할주의적인 기법을 포기하면서 이탈리아 르네상스의 고전적 화풍으로 복귀해 버린다. 토스카나 지방에 있는 코르토나라는 중세 도시에서 태어났던 세베리니에게 미래주의는 잘 맞지 않는 옷이었을 것이다. 중세 도시와 미래주의 도시 사이에 가로놓인 괴리를 견딜 수 없었기 때문에 세베리니는 전통으로 돌아갈 수밖에 없었던 것인지도 모른다. 아방가르드와 민족주의의 불안한 동거는 이렇게 막을 내렸다. 카라도 이런 분위기에 편승해서 "전기에 감전된 감정"을 내던져 버린 채 안전한

세베리니의 고향 코르토나. 코르토나는 이탈리아 토스카나 지방에 있는 유명한 중세 도시이다. 에트루리아 민족의 중심 도시였고, 로마시대에도 요충지였다. 전형적인 르네상스 양식으로 지어진 산타마리아 누오바 교회와 마돈나델칼치나이오 교회가 있는 곳이기도 하다. 소설 『토스카나의 태양 아래』와 동명의 영화로 관광객들에게 유명하다.

형식주의에 빠져 든다. 이런 미학적 전향은 반모더니즘을 지향했던 미래파의 의지를 전혀 미래파답지 않은 방식으로 실천하는 일이기도 했다. 미래파는 유럽 모더니즘에 대한 반발로 미래주의 운동을 시작했지만, 결국 모더니즘의 기법과 전략을 벗어날 수 없었다.

마리네티는 러시아 혁명에 비견해서 미래주의의 실험을 "이탈리아 혁명"이라고 불렀다. 그가 염두에 둔 이탈리아 혁명은 아나키스트 개인주의로 러시아 혁명의 집단주의를 대체하는 것이었다. 물론 마리네티가 생각한 아나키스트 개인주의는 개인의 연대를 전제한 이념이다. 기본적으로 마리네티는 지식노동과 육체노동을 위계적인 것으로 파악하면서 전자가 후자에 비해 우월한 것이라고 생각했다. 이런 맥락에서 그는 평등주의를 평준화라고 보고 반발했다. 그는 평준화에 대항해서 두뇌를

로마에 있던 파시스트 운동 본부 건물. 무솔리니는 그의 체제를 유지하기 위해 다양한 선전선동 수단을 동원했는데, 이 건물도 이런 전략을 잘 보여 준다. 이 건물을 장식하고 있는 거대한 무솔리니의 얼굴 조각상은 절대권력을 상징하고, 이를 둘러싸고 있는 "SI"는 이탈리아어로 '예'를 뜻한다. 이 건물 자체가 무솔리니에 대한 파시스트 당원의 절대 충성을 선전하고 있는 것이다.

사수하자고 부르짖었다. 이런 입장을 갖고 있었기에 "소비에트에게 권력을"이라는 슬로건을 패러디한 "예술과 예술가에게 권력을"이라는 주장을 할 수 있었다. 그가 육체노동의 중요성을 강조했던 러시아 혁명을 좋아할 수 없었던 건 이런 엘리트주의 때문이었다. 그는 1922년에 진행한 인터뷰에서 자신이 꿈꾸는 체제는 지성적 귀족과 아방가르드적 사유가와 실천가, 그리고 자질 있는 엘리트와 니체적 초인이 다스리는 사회라는 말을 서슴없이 했다. 아이러니하게도 마리네티는 이런 사회를 아나키스트 사회라고 생각했다. 마리네티에게 중요했던 것은 엘리트적 독창성이었고, 이것이 그의 미래주의와 러시아 미래주의를 구분하는 척도였다.

그러나 현실의 마리네티는 아나키스트이자 또한 민족주의자이기도 했다. 아나키즘과 민족주의라는 어울리지 않는 조합이 잘 말해 주듯, 마리네티의 사상은 결코 통합할 수 없는 모순 그 자체였다고 할 수 있다. 1923년 5월 1일 마리네티는 「이탈리아 제국」이라는 선언을 발표하는데, 이 선언문은 명백하게 무솔리니에게 미래주의의 공헌을 인식시키고자 하는 시도였다. 실제로 마리네티는 무솔리니의 문화정책에 지대한 영향을 끼쳤고, 그의 집권을 도왔다. 마리네티는 무솔리니가 전통의 복권을 추구하는 것이 아니라 미래주의 정부를 창조해 줄 것으로 믿었다. 그러나 이탈리아 파시즘은 불완전하고 비효율적인 체제였다. 말만 요란했지, 실제로 아무것도 실현시킬 수 없는 정부였던 것이다. 전체주의를 이룩하고자 했던 파시즘의 요구는 이탈리아에서 부분적으로 실천되었을 뿐이다. 말하자면, 모든 현실적 정치관계가 그렇듯, 파시즘도 구체제를 보존하고자 했던 보수주의자의 이해관계를 완전히 무시할 수 없었다. 보수적인 사회 엘리트와 우파들은 무솔리니에게 폭력적 정책을 종식시키고 합법적인 권력 장악을 요구했다. 파시즘도 헌법에서 정한 선거 절차를 따를 수밖에 없었던 셈이다. 법을 지키는 파시스트. 아이러니한 상황이 자연스럽게 연출된 것이다.

이탈리아는 여전히 자유민주주의 헌법을 유지했고, 파시즘은 운신의 폭을 스스로 좁혔다. '혁명적' 파시스트들은 당에서 축출당했다. 재미있게도 무솔리니의 당은 이들을 쫓아낼 근거로 과거에 자행했던 불법적인 폭력행위를 거론했다. 젊은 파시스트가 쫓겨난 자리를 채운 이들은 과거의 지역 유지들이었다. 파시즘이 성공할 수 있었던 요인은 전통과 보수주의에 대한 젊은층의 적대감이었다. 그러나 파시즘의 종착역은

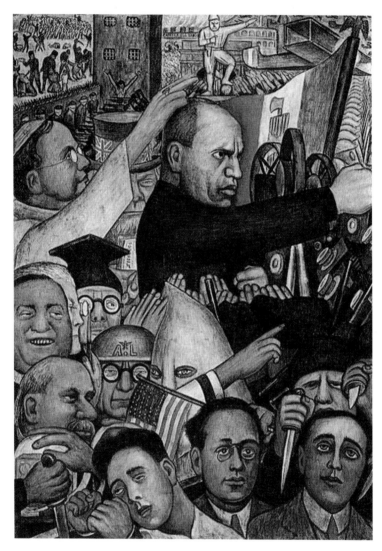

멕시코 화가 디에고 리베라(Diego Rivera)가 1933년에 그린 「무솔리니」(*Mussolini*). 이 그림에서 리베라는 서방의 제국주의 국가들과 기독교 교회가 무솔리니를 돕고 있는 것을 풍자했다.

결국 과거라는 망령의 귀환이었다. 파시즘을 지지했던 청년들에게 역사의 복수는 가혹했다고 할 수 있다. 1925년 이후 이런 상황은 급진전되었다. 귀족 혁명가들이 지지를 보냈던 파시스트 정권은 전통적 엘리트의 영입을 통해 합법화되었다. 합법화되었다는 건 결국 파시스트 정권의 '혁명성'이 제도적으로 수용되었다는 것을 뜻한다. 합법적 파시스트 정권이 포용해야 할 계급들은 지주, 기업가, 은행가, 지식인들, 전문직업인들, 경찰, 군인, 화이트칼라 노동자들이었다. 이들은 파시스트 정권의 포용정책으로 인해 당과 정부의 요직을 차지하게 되었다. 이런 과정을 통해 야수 같던 파시즘은 부르주아에 적합하게 길들여졌다. 아이러니하게도 보수화된 파시스트 정권은 무정부적인 파괴와 폭력을 허용하지 않았다. 개구리가 올챙이 시절을 잊어 버린 것이다.

민족주의의 그늘을 벗어나지 못했기 때문에 폭력을 동원해서라도 미래를 선취해야 한다는 과격한 미래파의 소명은 엉뚱한 곳으로 흘러 갔다. 물론 미래파만 이랬던 건 아니다. 이탈리아의 예술가들은 파시즘에 적극적으로 저항하지 않은 것으로 악명이 높다. 1920년대와 30년대 이탈리아 예술의 기조는 절충과 다양성이었다. 물론 이런 기조에 근거를 둔 절충주의와 다원주의는 좌파적 경향을 배제한 반쪽 날개에 지나지 않았다. 사회를 계급적으로 볼 수 없었기에 이들의 사회인식은 좋게 말하면 순진무구했고 나쁘게 말하면 무지했다. 왼쪽 날개가 없는 이탈리아 예술이 갈 곳은 뻔했다. 이들은 파시즘에 소극적으로 저항할 수밖에 없었다. 소극적 저항은 약한 동의를 뜻하는 것이기도 했고, 이로 인해 이들은 파시즘 동조자라는 역사적 혐의를 쉽게 벗어 버릴 수 없게 되었다.

이런 배경을 감안한다면 파시즘과 미래주의의 관계는 겉보기보다 훨씬 복잡하다고 할 수 있겠다. 현실의 파시즘과 파시즘에 대한 판타지는 엄연히 구분되어야 한다. 미래주의와 파시즘의 친연성은 후자 때문에 발생하는 것이다. 이는 한국의 상황과 유사하다. 박정희에 대한 향수가 곧바로 현실의 파시즘과 연결되는 건 아니다. 물론 이런 사실은 파시스트 박정희라는 현실과 전혀 다른 차원에서 구성되는 것이다. 과거에 대한 향수는 미래에 대한 열망을 내포하고 있다. 그러나 여기에서 특기할 일이 있다. 미래주의는 과거에 대한 향수라기보다 과거를 부정하면서 미래에 대한 열망을 표출시켰다는 점이 그것이다. 이런 사실 때문에 미래주의는 '부분의 진보'를 획득할 수 있었지만 이런 성취가 미래주의의 부정적 측면을 상쇄할 수 있을지 의문이다. 이들이 파시즘에 대해 무감각했던 건 역설적으로 현실정치에 대한 감각이 희박했다는 사실을 반증하는 것이기도 하다.

The Document

「미래주의 선언」의 내용

LE FIGARO

58ᵉ Année — 3ᵉ Série — N° 51   Le Numéro avec le Supplément : SEINE & SEINE-ET-OISE : 15 centimes — DÉPARTEMENTS : 20 centimes   Samedi 20 Février 1909

Gaston CALMETTE
Directeur-Gérant

RÉDACTION — ADMINISTRATION
26, rue Drouot, Paris (9ᵉ Arrᵗ)

H. DE VILLEMESSANT
Fondateur

RÉDACTION — ADMINISTRATION
26, rue Drouot, Paris (9ᵉ Arrᵗ)

Le Futurisme

Manifeste du Futurisme

LA VIE DE PARIS

« Le Roi » à l'Elysée... Palace

Échos

Les Courses

À Travers Paris

Le complot Caillaux

「미래주의 선언」이 실린 『르 피가로』 지.

미래주의의 기초와 미래주의 선언(1909)

우리, 나와 나의 친구들은, 가는 줄로 세공된 놋쇠 돔, 우리 영혼처럼 반짝이는, 전기에 감전된 심장이 뿜어 내는 유폐된 광휘처럼 빛나는 돔을 씌운, 그 회교사원에 매달린 등불 아래에서, 밤새도록 깨어 있었다. 몇 시간 동안 우리는, 논리의 한계에 다다를 때까지 떠들어 대고 열에 들뜬 낙서가 수백 장의 종이들을 새까맣게 만들면서, 누대에 걸친 권태를 고급스러운 동양풍 양탄자 깔개에 짓밟아 넣었다.

　　그때 우리 자신들만이 그 시간을 지키고 있었기에, 홀로, 깨어, 그리고 우리는 두 발로 서 있었기에, 자랑스러운 봉화처럼, 또는 천상의 야영지로부터 우리를 향해 내려와서 이글거리며 빛나던 무서운 별들의 군단에 대적하던 초병들 같은 그 발을 디디고 서 있었기에, 거대한 자부심이 우리를 밀어 올렸다. 거대한 선박의 지옥 불을 지피는 화부들처럼 외로이, 미친 듯 내달리는 기관차의 뜨거운 배를 애무하는 유령들처럼 외로이, 도시의 벽들을 따라 상처 입은 새처럼 비틀거리며 순회하는 취객들처럼 외로이.

　　우리는 갑자기 놀라 뛰어올랐다. 오색찬란한 불빛으로 이글거리며, 폭포를 역류해서 갑자기 들이닥쳐 휴일을 즐기던 마을을 송두리째 쓸어 바다로 끌고 가버린 포강의 홍수처럼, 밖에서 덜컹거리는 거대한 이층 전차가 엄청난 소음을 내며 지나갔다.

그런 뒤에 고요는 더 고요해졌다. 그러나, 창문 아래에서 별반 효력 없는 기도문을 읊어 대는 늙은 운하의 중얼거림과 축축한 초록 턱수염 위에 솟아 있는 병든 궁전들의 뼈가 삐걱거리는 소리를 듣고 있을 때, 갑자기 자동차들의 굶주린 포효가 우리의 귓전을 때렸다.

"가자!" 나는 말했다. "벗들, 가자! 가잔 말이다! 신화와 신비한 이상은 마침내 패퇴했다. 우리는 막 켄타우로스의 탄생과 천사들의 첫번째 비상을 목격하고 있지 않은가! … 우리는 삶의 문을 뒤흔들어서 빗장과 경첩을 시험해야 한다. 가자! 저기 바로 저렇게 대지 위에 동트는 새벽을 보라! 우울했던 누천년 중에 처음으로 휘두르는, 저 빛나는 붉은 태양의 검에 비길 것은 아무것도 없다!"

우리는 콧김을 내뿜는 세 마리 짐승과 맞닥뜨렸고, 그 뜨거운 가슴 위에 육욕에 떠는 손을 얹었다. 나는 영구차에 실린 시체처럼 나의 차 위에 사지를 쭉 뻗다가, 기요틴의 칼날처럼 내 배를 겨누고 있는 운전대에 닿는 순간 벌떡 되살아났다.

광기의 빗자루가 우리를 쓸어 냈고, 급류의 바다처럼 거칠고 깊은 거리로 우리를 몰아냈다. 여기저기에서 유리창을 통해 비치는 병든 등불이 침침한 우리의 눈을 속이는 거짓 수학을 믿지 않도록 가르쳤다.

나는 소리쳤다. "후각, 우리 짐승들에겐 후각만 있으면 충분하다."

그리고 젊은 사자들처럼 우리는 죽음을 쫓아 달렸다. 이 어둠의 질주는 거대하게 보랏빛으로 꿈틀거리며 전율하는 하늘로부터 탈출해서 하강한 것 같은 창백한 십자가들로 얼룩졌다.

그러나 우리에게는 성스러운 형상을 구름 위로 드러내는 어떤 이상형의 정부(情婦)도, 비잔틴의 반지처럼 뒤틀린 우리의 시체를 건네받고 싶은 잔인한 여왕도 없다! 오직 마지막에 가서야 우리의 대담함으로부터 자유로워지고 싶어 하는 욕망을 빼고는 그 무엇도 우리에게 죽음을 바라게 할 것이 없다!

그런 뒤에 짖어 대는 개들을 현관 계단에 던져, 다리미 아래 옷깃처럼 불타는 타이어로 짓밟아 납작하게 만들며, 우리는 질주했다. 얌전하게 길이 든 죽음은 매 고비마다 나를 조우해서, 우아하게 발톱을 세우거나, 딱 한 번 쭈그리고 앉아서, 모든 흙탕물 웅덩이에서 나에게 벨벳처럼 부드럽고 애교 넘치는 눈길을 보냈다.

지혜의 끔찍한 껍데기를 깨뜨려서 자부심으로 익어 터진 과일처럼 우리 자신을 바람의 넓고 뒤틀린 입 속으로 던져 버리자! 우리 자신을, 절망이 아니라 부조리의 깊은 우물을 가득 채우면서, 밑 모를 곳으로 던져 버리자!

자기 꼬리를 물려는 개의 장난처럼 내가 나의 차를 빙빙 돌릴 때 나는 한 마디도 할 수 없었다. 그리고 거기에 갑자기 자전거를 탄 두 사람이 주먹을 휘두르며, 둘 다 공히 설득력이 있음에도 불구하고 모순적 주장을 해대는 것처럼 비틀거리며, 나를 향해 오고 있었다. 멍청한 난국이 나의 길을 가로막고 있었다——제기랄! 아야! … 나는 순간 차를 정지시켰는데, 그만 차가 뒤집혀서 도랑으로 처박혔다. 속이 메스꺼웠다.

오, 어머니 같은, 진흙탕으로 가득 찬 하수구여! 사랑스러운 공장의 배수구여! 나는 당신의 영양 가득한 구정물 찌꺼기를 꿀꺽꿀꺽 마셨다; 그러면서 나는 수단에서 나를 키운 유모의 검은 젖가슴을 상기했다 … 전복된 차에서 내가 빠져나왔을 때——찢어지고, 구정물로 끈적거리고, 악취를 풍기면서——, 나는 내 심장을 하얗게 달구어진 쇠가 스치고 지나가는 것을 느꼈다!

손 낚싯줄을 든 낚시꾼들과 통풍 걸린 자연주의자들이 이미 경이의 현장을 둘러싸고 북새통을 이루고 있었다. 침착하고 훈훈한 인정을 가진 이 사람들은, 바닷가에 끌어올려진 상어처럼 내 차를 잡아 올리기 위해, 구난 기중기와 쇠갈고리 장비로 구조에 나섰다. 차가 도랑에서 천천히 끌어올려져, 마치 천칭처럼 바닥을 벗어나자, 멋진 느낌의 육중한 차체와 편안함을 주는 부드러운 내부가 드러났다.

그들은, 나의 자동차, 나의 아름다운 상어가 죽어 버렸다고 생각했다. 그러나 내가 애무를 가하자 금방 되살아났다; 그러고는 다시 살아서, 힘찬 지느러미를 흔들며 달려가는 것이었다!

그렇게, 유쾌한 공장의 오물로 범벅된 얼굴들——금속폐기물로 떡칠이 되어서, 땀이 흘러내리는 것도 느끼지 못한 채, 거룩한 검댕을 잔뜩 묻힌——우리, 멍들고, 팔은 삼각붕대로 감아 걸쳤지만, 두려워하지 않고 대지에 살아 있는 모든 것에게 우리의 고귀한 의도를 선언한다.

미래주의 선언

1. 우리는 힘과 대담무쌍함의 습성인 위험에 대한 사랑을 노래하고자 한다.
2. 용기, 대담함, 그리고 반란이 우리 시의 본질적 요소일 것이다.
3. 지금까지 문학은 생각에 잠긴 부동성, 황홀경, 그리고 수면만을 찬양했다. 우리는 공격적 행동, 열에 들뜬 불면증, 경주자의 활보, 목숨을 건 도약, 주먹으로 치기와 손바닥으로 따귀 때리기를 찬양하고자 한다.

4. 우리는 새로운 아름다움, 다시 말해 속도의 아름다움 때문에 세상이 더욱 멋있게 변했다고 확언한다. 폭발하듯 숨을 내쉬는 뱀 같은 파이프로 덮개를 장식한 경주용 자동차——포탄 위에라도 올라탄 듯 으르렁거리는 자동차는「사모트라케의 니케」보다 아름답다.

5. 우리는 운전하는 사람을 위한 찬미가를 부르고 싶다. 그는 영혼의 투창을 지구를 가로질러, 궤도의 순환을 따라 던지고 있는 것이다.

6. 시인은 열정, 광휘, 그리고 관대함으로 본원적인 요소들에 대한 열광적 열정을 부풀어 오르게 하기 위해 자신을 소모해야 한다.

7. 싸움보다 더 아름다운 것은 없다. 공격성이 없는 작품은 걸작이 될 수 없다. 시는 미지의 힘들을 인간 앞에 항복하고 굴복하도록 만들기 위해 가해지는 폭력적 타격이다.

8. 우리는 마지막 세기의 곶에 선다! … 우리가 원하는 것이 불가능이라는 신비한 문을 파괴하는 것인데, 무엇 때문에 뒤를 돌아보아야 한단 말인가? 시간과 공간은 어제 죽었다. 우리는 이미 절대적인 것 속에 살고 있다. 왜냐하면 우리는 영원하면서 편재하는 속도를 창조했기 때문이다.

9. 우리는 전쟁——세상에서 유일한 위생학——, 군국주의, 애국심과 자유를 가져오는 이들의 파괴적 몸짓, 목숨을 바칠 가치가 있는 아름다운 이념, 그리고 여성에 대한 조롱을 찬미한다.

10. 우리는 박물관, 도서관, 모든 종류의 아카데미를 파괴하고, 도덕주의, 페미니즘, 모든 기회주의적이고 실용주의적인 비겁함에 맞서 싸울 것이다.

11. 우리는 노동, 쾌락, 폭동에 들떠 있는 수많은 군중에 대해 노래할 것

이다. 우리는 현대의 대도시에서 일어나고 있는 다채롭고 교향악처럼
울려 퍼지는 혁명의 물결을 노래할 것이다. 밤이 되어 하얗게 전율하며
작열하는 병기공장과 강렬한 전등들이 이글거리는 조선소를, 뱀처럼 피
어오르는 연기를 탐욕스럽게 삼키는 기차역을, 곡선을 그리며 길게 꼬
리를 드리운 연기가 만들어 낸 구름을 굴뚝 끝에 걸고 있는 공장들을,
거인 운동선수처럼 강물 속을 뽐내며 걸어가는 교각들이 칼처럼 태양
아래에서 번쩍이는 것을, 쿵쿵거리며 수평선의 냄새를 맡는 모험심 강
한 선박들을, 배관으로 고삐를 채운 거대한 철마의 발굽처럼 바퀴로 선
로를 긁으며 가슴 깊숙한 곳에서 우레 같은 소리를 내지르는 기관차들
을, 그리고 프로펠러가 깃발처럼 바람 속에서 시끄럽게 떠들며 열광하
는 군중처럼 환호하는 날렵한 비행기의 비행을 노래할 것이다.

이탈리아에서 세계로 우리는 이렇게 과격하게 소란스럽고 선동적
인 우리의 선언을 내던졌다. 이로써 우리는 교수들, 고고학자들, 키케로
풍 고전주의와 골동품 수집가들로부터 이 땅을 자유롭게 만들어 주기를
원하기 때문에, 오늘 미래주의를 창립한다. 너무도 오랫동안 이탈리아
는 헌 옷을 입은 장사꾼 노릇을 해왔다. 우리는 이 나라를 무덤처럼 뒤
덮고 있는 셀 수 없는 박물관으로부터 풀어 주려고 한다.

박물관들: 무덤들! … 분명코, 서로를 알 수도 없는 수많은 시체들
의 괴기스러운 난교 같은. 박물관들: 혐오스럽거나 알려지지 않은 존재
들 사이에 영원히 누워 있는 공공 주택들. 박물관들: 색채와 선의 난투
로 서로를 잔인하게 살육하는, 높고 긴 담벼락을 가진, 화가들과 조각가
들의 도살장.

추도의 날에 묘지를 방문하는 사람들처럼, 매년 그대가 그곳을 방문하는 것, 나는 허가한다. 일 년에 한 번 그대가 모나리자의 초상 아래 꽃을 봉헌하는 것, 나는 그대에게 … 허락한다. 그러나 나는 우리의 비탄, 우리의 나약한 용기, 우리의 우울한 정처 없음이 매일 박물관들을 돌아다니는 관광으로부터 부여되어야 한다는 것을 받아들이지 않는다. 왜 우리 자신을 망치는가? 왜 썩도록 내버려 두는가?

그리고 그 오래된 그림에서 볼 수 있는 것이 그의 꿈을 완전하게 표현하는 그의 욕망을 가로막고 있는 장애물을 향해 온몸을 던지고 있는 한 예술가의 고심에 찬 왜곡 이외에 무엇을 볼 수 있단 말인가? … 오래된 그림을 존중하는 것은 우리의 감수성을 행동과 창조의 폭력적 발작 속에서 멀리 내던지는 것이 아니라 장례식의 납골단지 속에 쏟아 붓는 것이나 마찬가지다.

이런데도, 그대는 최고의 능력들을, 그대가 거의 죽을 만큼 힘을 탕진하고, 쪼그라들고, 낙담하는, 영원하고 무익한 과거에 대한 숭배로 허비해 버릴 것인가?

진실로 나는 그대에게 매일 박물관과 도서관, 그리고 학술원(이것들이야말로 헛수고의 묘지, 십자가에 못 박힌 꿈을 본떠 만든 수난상, 사산된 것들의 등기부다!)을 드나드는 것은, 예술가들의 입장에서 본다면, 재능과 야망에 취한 어떤 젊은이가 부모의 감시를 계속 받는 것만큼이나 유해한 것이라는 것을 알려 준다. 미래로 가는 길이 막힐 때, 훌륭한 과거는 죽어 가는 것, 병든 것, 죄수의 불행에게 위안이 될지도 모른다. … 그러나 우리는 그 과거의 어느 것도 원하지 않는다. 우리는 젊고 강인한 미래주의자들이다!

그래서 이들을 도래하게 하라! 검댕이 묻은 손가락을 가진 즐거운 방화자들을! 여기에 그대들이 있다! 여기에 그대들이 있다! … 어서 오라! 도서관 서고에 불을 질러라! 운하의 물길을 박물관으로 돌려 홍수를 일으켜라! … 오, 물 위에 넘실거리며 떠돌, 오래된 영광의 캔버스들을 보는 즐거움이여! … 손도끼를 들어라, 그대의 손도끼와 망치를, 그리고 부숴라, 고색창연한 도시들을 부숴라, 무자비하게!

우리 중 제일 나이 많은 이가 서른이다: 우리 작업을 끝내는 데 최소한 십 년은 걸린다. 우리가 마흔이 되었을 때, 우리보다 더 젊고 강인한 이들이 아마도 쓸모없는 원고처럼 우리를 쓰레기통에 던져 버릴 것이다——우리는 이런 일이 일어나기를 바란다.

그들, 우리의 후계자들은, 우리를 반대하게 될 것이다, 그들은 첫번째 노래의 빠른 곡조에 맞춰 춤을 추며, 맹수의 갈고리 발톱을 쥐락펴락하며, 문학의 지하묘지에 봉인된, 썩어 가는 우리 마음의 강한 악취를 학술원의 문밖에서 사냥개처럼 맡으며, 저 멀리에서, 사방에서, 몰려올 것이다.

그러나 우리는 그곳에 없을 것이다. … 마침내 그들은 우리를 발견할 것이다——어느 겨울 밤——단조로운 빗소리가 울리는 서글픈 지붕 아래, 외딴 시골에서. 그들은, 전율하는 비행기 옆에 웅크리고, 오늘날 우리 이미지의 도주로부터 점화되었을 때, 우리의 책들이 발한 그 가난하고 작은 불꽃에 손을 녹이고 있는 우리를 볼 것이다.

강인하고 분별 있는 불공평이 그들의 눈에서 둥글게 광휘를 그리며 뻗어 나올 것이다.

실제로 예술은 폭력, 잔인성, 불공평에 지나지 않는다.

우리 중 가장 나이 많은 이가 서른이다 : 그래서 우리는 이미 보물들, 힘, 사랑, 용기, 교활함, 그리고 날것 그대로인 힘을 향한 의지라는 수천 가지의 보물들을 흩어 버렸다 ; 참을성 없이, 분노에 차서, 경솔하게, 미련 없이, 단숨에, 그리고 불안에 떨며, 이것들을 내던져 버렸다. … 우리를 보라! 우리는 아직 지치지 않았다! 불, 증오, 그리고 속도를 먹고 자랐기 때문에, 우리 심장은 아직 닳지 않았다! … 이것이 당신을 놀라게 하는가? 아마 그럴 것이다, 왜냐하면 그대는 지금까지 살아온 것을 결코 기억하지 못하기 때문이다! 세계의 정상에 우뚝 서라, 다시 한번 우리는 별들을 향해 저항을 투척하리라!

그대는 반대하는가? ─ 알았다! 그 정도면 충분하다! 우리는 이미 안다 … 우리는 이해한다! … 교묘하고 속임수에 능한 지능이 말하기를, 우리는 우리 조상들의 재탕이자 확장에 불과하다 ─ 아마도! … 고작 이뿐이라면 그럴 것이다! ─ 그러나 무슨 상관인가? 우리는 이해하기를 원하지 않는다! … 우리에게 또다시 그런 수치스러운 단어를 말하는 이들에게 비탄 있으라!

그대의 머리를 들라!

세계의 정상에 우뚝 서라, 다시 한번 우리는 별들을 향해 저항을 투척하리라!

1909년 2월 20일 『르 피가로』

F. T. 마리네티

별 생각 없이 한번 훑어봐도 「미래주의 선언」은 단순한 선언문이 아니다. 차라리 선언문을 가장한 시라고 해두는 게 옳을 것 같다. 이게 앞서 말한 마리네티의 전략 같은 것이다. 선언문 자체를 예술형식으로 사용하는 것 말이다. 이렇게 해서 메시지를 전달한다기보다 그 상징적 의미를 통해 충격효과를 노릴 수 있는 셈이다. 마리네티는 서두에서 어떻게 이 선언문이 구상되었는지를 일화를 통해 소개한다. 이들은 몇 시간 동안 "논리의 한계에 다다를 때까지" 떠들어 대었고, 선언문을 작성하기 위해 수백 장의 파지를 만들어 냈다. 이를 마리네티는 "미래주의의 기초"라고 부른다.

홍미로운 점은 마리네티가 말하고 있는 "별"의 의미다. 보통 별이라고 하면 좋은 뜻일 터인데, 무엇 때문에 마리네티는 이런 별을 무섭다고 말하는 것일까? 이런 표현은 신화와 종교에 대한 거부라고 할 수 있

자동차를 타고 있는 마리네티.

다. 두 가지는 모두 미래파가 혐오했던 이탈리아 문화의 기초를 이루는 것이다. 이런 별들에 대적한 것은 이들의 "발"이다. 대지에 발을 굳건히 붙이고 선 채 이들은 낡은 형이상학에 대항하려고 한다. 이들에게 긍정적인 것은 "거대한 선박에 지옥 불을 지피는 화부들"이고 "미친 듯 내달리는 기관차"이고 "상처 입은 새처럼 비틀거리는" 취객들이다.

칼 맑스(Karl Marx, 1818~1887).

　이들의 몽상은 갑작스런 전차의 출몰로 깨어진다. 이 출몰은 "포강"의 홍수처럼, 모든 것을 쓸어가 버린다. 그리고 잠시 고요가 흐른 뒤, 갑자기 요란한 자동차 소리가 귓전을 때린다. 이 기계음이야말로 미래파를 흥분시키는 무엇이다. 마리네티를 비롯한 동료들은 이 소리에 고무되어 자동차를 몰고 길을 나선다. 여기에서 우리는 어렵지 않게 마리네티가 기계를 "짐승"에 가까운 존재로 보고 있다는 것을 알 수 있다. 자동차는 이들에게 "콧김을 내뿜는" 야수 같은 것이다. 기계에 대한 미래파의 관점은 상당히 흥미로운 것이다.

　산업사회가 도래했을 때 유럽의 지식인들은 기계에 대한 다양한 견해들을 내놓았다. 산업혁명의 고향이기도 한 영국은 기계를 처음으로 물건을 만드는 공정에 도입했는데, 이들은 기계를 수공업에서 쓰이는 연장보다 조금 더 '복잡한 연장'일 뿐이라고 생각했다. 이런 견해에 이의를 제기한 사람은 우리에게 『자본』으로 잘 알려진 칼 맑스다. 맑스에게 기계는 단순했던 연장이 복잡하게 바뀐 게 아니다. 또한 맑스는, 연장이 인간의 힘을 통해 운용되고 기계는 자연의 힘을 사용해서 움직인다는 구분법도 반대한다. 이런 논리에 따르면 소나 말이 끄는 "쟁기도 기계일 것"이고, "클라우센 식 회전방적기도 연장일 것"이기 때문이다. 이런 식으로 맑스는 기계의 힘을 '마력'으로 표현하는 영국의 사고방식을 비꼰다.

맑스는 기계를 동력기, 전동장치, 작업기로 나누는데, 여기에서 수공업의 연장에 해당하는 것이 작업기다. 이를 놓고 볼 때 맑스에게 기계는 세 가지 부분들이 서로 체계적으로 결합해서 발생시키는 어떤 효과 같은 것이다. 맑스는 재미있는 말을 한다.

우리가 진정한 작업기를 좀더 세밀하게 살펴보면, 흔히 형태는 대단히 달라졌다고 하더라도 대체로 예전에 수공업자와 제조업 노동자가 사용하던 것과 다를 것이 없는 장치와 연장이다. 그러나 이제는 인간의 연장이 아니고 기계장치의 연장, 다시 말해서 기계의 연장이다.

『자본』의 15장에 나오는 이런 진술은 기계야말로 연장의 변증법적 진화물이라는 사실을 암시하는 것이기도 하다. 따라서 기계는 인간의 힘과 신체조건을 벗어난 연장이다. 수공업적 연장은 인간의 신체조건에 구애받을 수밖에 없는데, 기계의 연장은 기계장치와 기술의 발전에 따라 얼마든지 확장 가능하다. 맑스에게 기계는 「쥐라기 공원」에 나오는 공룡 같은 괴물이다. 인간의 손으로 만들어진 것이지만, 인간의 통제를 벗어나는 그 무엇이 기계다. 어떻게 보면, 기계에 대한 미래파의 생각도 맑스의 것과 무관한 게 아니다. 인간 경험의 한계를 넘어서는 힘을 기계라고 생각했다는 측면에서 미래파는 탈인간성의 체현으로 기계를 파악

세베리니, 「적십자 기차」(*Treno della Croce Rossa*), 1915.

했던 맑스와 유사한 태도를 갖고 있었다고 할 수 있다.

마리네티에게 이런 기계의 탈인간성, 또는 반인간성을 드러내는 표상은 자동차다. 물론 기차나 비행기, 그리고 선박이 언급되긴 하지만, 이 중에서 중요한 건 자동차라고 할 수 있다. 마리네티는 자동차 운전자에게 경애를 보내고 있는데, 이건 자신의 경험에서 우러나온 허세 같은 것이다. 자동차를 몰고 달리다 도랑에 처박힌 마리네티는 "오 어머니 같은, 진흙탕으로 가득 찬 하수구여!" 하고 절규한다. 이 도랑은 공장의 폐수가 흐르는 곳인데, 그는 "영양 만점의 찌꺼기"인 진흙탕 폐수를 꿀꺽 들이켰다고 한다. 이 더러운 물을 들이키는 순간 그는 수단에서 자신을 키운 유모의 검은 유방을 기억해 냈다고 진술한다.

종잡을 수 없는 묘사처럼 보이지만, 실제로 그렇게 놀랄 정도로 기발한 상상력은 아니다. 어떻게 보면 위악적인 만큼 다소 식상한 면도 있다. 무슨 말인가 하면, 그토록 전통에 대해 적대적이고, 과거로부터 도망쳐 미래로 가기 위해 발버둥을 쳤지만, 아이러니하게도 마리네티의 상상력은 지극히 서구적인 상징체계 내에 머물러 있는 것이다. 그가 산업사회의 찌꺼기와 수단의 흑인 유모를 연결하는 이 발상이야말로 바로 서구의 문화전통 자체다. 마리네티는 무의식중에 '인간'을 서구의 백인으로 설정하고 있다. 서구문화에서 흑인은 대체로 문명의 반대인 야만으로 여겨졌다. 기계를 인간의 힘을 벗어난 그 어떤 존재로 봤다는 측면에서 마리네티는 야만의 힘으로 서구문명의 나약함을 치유해야 한다는 생각을 했을지도 모른다. 그런데 이런 생각은 확실히 니체한테서 온 것이지만, 실제로 니체가 이런 관점에서 서구문명을 비판했다고 보기는 어렵다. 마리네티는 무솔리니 못지않게 피상적으로 니체를 읽었고 다분히 자의적으로 니체의 말을 해석했던 것이다.

그러나 한 가지 짚고 넘어가야 할 다른 문제가 있다. 기계에 "육욕"을 느낀 마리네티와 동료들은 사자들처럼 "죽음을 쫓아" 달린다. 말 그대로 죽음을 사냥한다는 건데, 여기에서 우리는 프로이트가 말한 죽음 충동 같은 것을 마리네티가 말하고 있다는 걸 알 수가 있다. 프로이트는 『문명 속의 불만』이라는 책에서 "리비도라는 명칭은 에로스의 차원에서 발현되는 힘을 죽음 충동의 에너지와 구별하여 가리킬 때에도 사용할 수 있다"고 하면서 "우리가 죽음 충동과 에로스의 관계, 그리고 그 충동의 본질을 가장 뚜렷이 통찰할 수 있는 것은 사디즘"이라고 말하고 있다. 사디즘은 타인에게 고통을 줘, 그 고통스러워하는 걸 즐기는 행위인

프로이트와 아내 마사 베르나이(가운데), 그리고 그녀의 동생인 미나 베르나이(왼쪽).

데, 이런 사디즘의 특성을 언급하면서, 프로이트는 "죽음 충동이 고유한 성욕의 목적을 왜곡하면서도 성 충동을 충분히 만족"시킨다고 했다. 대체로 성욕이라는 것은 사디즘처럼 파괴적인 것이 아니라 성적 상대의 만족을 느끼면서 즐거워하는 것인데, 사디즘은 상대를 괴롭히고, 그 고통을 통해 만족감을 느끼는 이상 심리상태인 셈이다.

프로이트는 사디즘에서 만족감을 느낄 수 있는 이유로 '나르시시즘'을 꼽는다. 사디즘의 죽음 충동은 나르시시즘의 쾌락을 수반한다는 것이다. 프로이트의 말은 마리네티의 선언문을 이해할 하나의 단초를 제공하는 것처럼 보인다. 이런 파괴 충동은 "모든 것을 할 수 있는 능력을 가지고 싶다는 자아의 오랜 소망을 충족시켜 주는 것"이라는 프로이트의 말을 감안한다면, 마리네티가 선언문에서 드러내고 있는 죽음 충동은, 달리 표현하자면, 모든 것을 할 수 있는 강력한 힘에 대한 갈구를 보여 주는 것이라고 할 수 있다. 마리네티가 나중에 무솔리니와 가까워질 수밖에 없었던 이유를 암시하는 대목이다.

어쨌든, 죽음 충동은 두려운 것이기도 하다. 선언의 기초는 이런 불안과 두려움도 숨김없이 드러내고 있다. "마지막에 가서야 우리의 대담함으로 자유로워지고 싶어 하는 욕망"이라는 진술에서 마리네티는 영원한 자유를 줄 죽음에 대한 공포를 표현하고 있다. 이 공포를 이기는 법은 사실 없다. 그냥 마리네티는 자신을 "밑 모를 곳으로 던져 버리자"고 외칠 뿐이다.

여기에서 마리네티가 말하는 그 "미래"라는 것이 도대체 무엇인지 궁금해질 수밖에 없다. 그에게 미래는 말 그대로 현재의 자기 자신을 던지는 곳에 있다. 미래라는 건 아직 오지 않은 것이지만, 동시에 현재이기도 하다. 현재와 단절된 미래는 사실상 불가능한데, 마리네티는 이 불가능한 걸 가능하게 만들고 싶어 한다. 현재와 완전히 단절된 무엇이라는 점에서 마리네티와 그를 계승한 미래파들이 말하는 그 미래라는 것이 보통 SF라고 불리는 과학소설과 비슷한 상상을 공유하는 것이라고 보기는 어렵다. SF는 미래를 다루는 문학이긴 하지만, 현재의 상상력을 기반으로 한다. 보통 노붐(novum)이라고 부르는, 현실을 낯설게 하는 장치가 SF에 있기 마련이다. 예를 들어, 현재의 에스컬레이터를 연상시키는 '움직이는 보도(步道)' 같은 게 미래사회에 있다는 식이다. 독자들은 이런 노붐을 통해 미지의 물건에 대한 '인식'을 얻고, 소설 속에 제시된 상황을 현재의 관점에 비추어 이해할 수 있다.

학자들에 따라서 SF의 기원을 메리 셸리의 『프랑켄슈타인』까지 올려 잡기도 하지만, 대체로 요즘 운위되는 과학소설의 뜻에 맞아떨어지는 작품을 쓴 작가는 H. G. 웰스다. 웰스의 『타임머신』이나 『투명인간』 같은 작품들이 바로 SF라는 장르의 특징을 잘 보여 주는 소설이다. 원래 과학소설의 기원은 18세기 유토피아소설에서 발견할 수 있는데, 이런 소설들은 대개 터무니없이 낙관적인 미래를 그리기 일쑤였다. 웰스의 경우는 이런 유토피아소설과 달리 미래를 암울하게 그리는 작품을 주로 썼다. 웰스는 진화주의에 입각해서 자연의 진화법칙에 적응하지 못한 존재들은 퇴화할 것이라고 믿었고, 이런 세계관에 입각해서 어두운 미래를 그려 냈던 것이다.

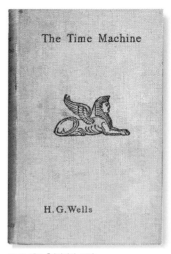

H. G. 웰스, 『타임머신』 표지.

미래파의 미래는 웰스의 방식으로 상상한 디스토피아가 아니었다. 어떻게 보면, 미래파의 미래상은 명확하지 않았다. 산텔리아를 제외하고 미래파의 구성원들 중에 미래를 그리거나 묘사한 작가나 화가는 없었다. 이들 대부분은 미래를 상상하기보다 현재의 감춰진 부분을 들춰내기에 바빴고, 인상파 못지않게 작열하는 현실을 그려 내기 위해 열을 올렸다. 전통과 인습에 저항하고 기차와 같은 근대의 산물에 열광했다는 측면에서 미래파는 여러모로 인상파를 닮았다. 그러나 현재를 부정하고 미래에 대한 낙관주의가 없었다는 점에서 미래파는 인상파와 근본적으로 달랐다.

이처럼 미래파에게 미래는 구체적이었다기보다 추상적인 무엇이었다. 어쩌면 미래파에게 미래는 인상파의 '일본' 같은 것이었을지도 모른다. 인상파가 서구의 회화 전통을 부정하기 위해 '전통이 없는' 일본의 그림을 도입했던 것처럼 미래파는 이런 일본 같은 대안이 없는 상황에서 막연하게 미래라는 모호한 추상을 끌고 들어온 것이다. 내가 보기에 미래파가 말하는 미래라는 건 현재를 부정하기 위한 핑계에 불과한 것 같다. 마치 인상파의 모네가 '일본'과 '중국'을 혼동했던 것처럼, 미래파는 자신들의 미래에 대한 명확한 견해를 갖고 있지 않았다.

원래 미래를 뜻하는 라틴어는 'futurus'다. 이 말은 '있다'는 뜻을 가진 'esse'의 미래분사다. 그러니까 '미래'는 '아직 오지 않은 것'이 아니라 '지금부터 있는 것'이라는 뜻이다. 말하자면 현재를 부정한 미래는 실제로 있을 수 없다는 말이다. 물론 존재는 시공간의 문제이기도 하기 때문에, 미래는 항상 앞으로 있을 '장소'를 의미하기도 한다. 그러나 서구문화에서 미래는 현재에 바탕을 두고 그 현재에서 자라나고 있는 공간이라거나 현재의 경험에 근거한 시간의 지속이라는 식으로 해석되는 건 아니다. 이 둘은 상호 관련되어 있지만 그렇다고 구분되지 않는 건 아니다. 미래파는 이런 미래라는 용어에 대한 중요한 정의에도 별반 관심을 보이지 않았다.

물론 미래에 대한 미래파의 태도가 웰스의 상상력과 완전히 무관한 건 아니었다. 미래파에게 웰스의 미래는 분명 도래할 그 무엇이었다. 다만 중요한 건 미래파에게 미래는 웰스의 상상력이 제시하는 것을 넘어선 다른 무엇을 의미하는 것이라는 사실이다. 미래파에게 미래는 언제나 현재의 억압을 벗어나기 위한 하나의 논리를 제공했다. 미래파는 과거를 부정하는 그 행위 속에서 표출되는 쾌감과 공포를 짜릿하게 즐기려고 했던 것인지도 모른다. 이런 측면에서 미래파의 미래주의는 삶을 중심에 놓는 정치철학으로, 이탈리아의 성장과 현대화에 저항하는 모든 힘을 거부하기 위한 근거를 제공하는 것이었다. 이탈리아의 유산을 없애 버리자는 과격한 주장은 이런 거부행위 중 하나였던 셈이다.

미래파는 과거를 억압의 원천으로 보았고 이 과거로부터 탈출하고자 하는 강렬한 욕망을 새로운 미래를 위한 힘이라고 보았다. 미래파에게 욕망은 프로이트의 승화처럼 성욕이 고양된 힘이었다. 미래파에게 이런 힘은 '아름다운 이탈리아'(Bell' Italia)라는 고정된 이탈리아의 이미지를 벗어나게 만들 유일한 구원의 동력이었다. 한국에서도 개봉해서 인기를 끌었던 일본영화「냉정과 열정 사이」를 보면 이런 이탈리아 특유의 정서에 대한 의미심장한 대화가 나온다. 중세 그림을 복원하는 일을 하는 남자 주인공 준세이에게 어느 날 사건이 일어난다. 누군가 준세이가 복원하던 그림을 고의로 훼손한 것이다. 이 사건으로 스튜디오는 문을 닫고, 함께 일하던 이들은 뿔뿔이 흩어진다. 망연해 있는 준세이에게 그의 스승은 피렌체가 점점 쇠락해 가고 있다고 하며, "이 도시는 과거를 살고 있다"고 쓸쓸히 말한다. 끊임없이 복원을 하지만, 언젠가 다시 부서질 것이라면서, 이 도시에 사는 사람들은 과거를 복원하는 일이 아니면 그 과거를 파는 관광업밖에 할 일이 없다고 말한다. 이런 허무한 이야기 뒤에 그 스승은 준세이에게 "너에게는 미래가 있다"는 당부를 해주고 떠난다. 다소 어설프긴 하지만, 이 영화가 드러내는 이런 정서야말로 당시 미래파를 지배한 것이었다고 봐도 무방할 것이다.

근대 유럽인들, 특히 영국인들에게 이탈리아는 사라져 버린 자국의 자연을 고스란히 간직하고 있는 장소이기도 했다. 이들에게 이탈리아는 "시간이 멈춰 버린 과거"였고, 이는 근대화의 속도로부터 도피해서 유유자적하기 위한 최적의 휴양지였다. 유럽의 근현대 문학은 이탈리아를 기원으로 삼고 있다는 표현이 전혀 과장이 아닐 정도로 이탈리아의 과거는 유럽의 지식인들을 매혹시켰다. 유명한 독일의 문호 괴테

토머스 모란(Thomas Moran), 「베니스의 일몰」(*Sunset Venice*), 1902.

가 이탈리아 기행을 다녀와서 글로 남긴 것뿐만 아니라 독일의 낭만주
의 시인들이 줄줄이 이탈리아 여행을 종교 순례처럼 단행했다는 건 역
사적 사실이다. 이뿐만 아니었다. 20세기에도 이런 예술 기행은 계속되
었는데, 영국의 소설가 E. M. 포스터나 D. H. 로렌스 같은 작가들도 이
탈리아의 시골을 방문해서 이를 토대로 소설을 쓰거나 아니면 감상문을
썼다. 이런 유행은 오늘날에도 여전하다. 영화로도 만들어질 만큼 미국
에서 인기를 끌었던 『토스카나의 태양 아래』는 프랜시스 메이어스라는
작가가 실제 경험을 소설로 쓴 것이다. 소설의 내용은 미국의 이혼녀가
낭만적인 이탈리아 시골에서 멋진 사랑도 만나고, 잃어버린 삶도 되찾
는다는 그렇고 그런 이야기다. 메이어스는 세베리니의 고향이기도 한
코르토나 근처에 저택을 마련했는데, 이 저택은 소설 속에 묘사된 이탈
리아를 소비하기 위해 찾는 관광객의 명소가 되었다.

이처럼 이들에게 이탈리아가 아름다운 까닭은 변화하지 않고 과거를 고스란히 보전하고 있기 때문이었다. 이런 이탈리아의 실상은 관광객들에게나 아름다운 것이지 거기에 살고 있는 거주민들에게는 탈출하고 싶은 지루한 일상에 불과할 것이다. 미래파 또한 이런 심정에서 과거와 현재를 부정했던 것이라고 볼 수 있겠다. 미래파에게 필요한 건 이런 과거와 현재를 단숨에 날려 버릴 어떤 힘이었다. 흥미롭게도 미래파는 이런 힘에 대한 숭배와 미래의 공포를 동시에 즐기고자 했다. 전쟁을 "유일한 위생학"이라고 찬양한 건 이런 까닭이었다. 전쟁은 모든 것을 쓸어버리고 새로운 것을 만들어 낼 수 있다고 이들은 생각했다. 초인의 도래는 이런 파괴의 순간을 경험한 뒤에 가능하다고 여겼던 것이다.

마리네티는 자동차 충돌 같은 공포의 체험에서 창조적 힘을 발견했다. 쾌감이 공포를 상쇄해 주는 그 느낌, 거기에서 마리네티는 미래로 나아갈 에너지를 충전하고자 했던 것이다. 이런 느낌을 묘사하며 마리네티는 "공장의 오물을 뒤집어쓰고, 금속폐기물로 떡칠이 되어서, 땀이 흘러내리는 것도 느끼지 못한 채, 거룩한 검댕을 잔뜩 묻힌 ― 우리"를 찬양한다. 온몸에 멍이 들고, 팔에 붕대를 감고 있지만, 전혀 두렵지 않은 그 우리는 "대지에 살아 있는 모든 것에게" 고귀한 의도를 선언한다. 마리네티의 선언은 이처럼 '자동차 충돌'이라는 극적 상황에서 느낄 법한 공포와 쾌감, 그리고 고통의 감정이 뒤범벅된 상황을 선언문이라는 형식을 통해 재현하고자 하는 일종의 행위예술이기도 했다.

이런 충격요법은 미래파에게만 고유한 건 아니었다. 멀리 청년헤겔파로부터 초현실주의자에 이르기까지 지식인이나 대중에게 충격을 가해서 소기의 목적을 달성하고자 하는 시도는 역사 속에서 흔한 일이었다. 이들에게 이런 시도를 하도록 만든 건 '예술과 삶의 괴리'였다. 서구의 예술은 재현에 대한 태도에 따라 크게 두 가지로 분류될 수 있는데, 재현을 긍정하는 쪽과 부정하는 쪽이 그것이다. 이런 태도는 언어에 대한 입장과 무관하지 않다. 언어를 일종의 타락으로 보는 입장은 재현을 긍정할 수가 없다. 재현은 말 그대로 사물과 인식, 또는 삶과 예술이 만나는 것을 방해하는 훼방꾼일 뿐이다. 그래서 이들은 언어의 매개 없이 바로 사물로 직진하려고 한다.

당연히 이탈리아 미래파도 재현에 호의적이지 않은 쪽이었지만, 러시아 미래파와 달리, 언어의 역할이랄까, 이런 문제를 적극적으로 의식하고 있었다고 보기는 어렵다. 이탈리아 미래파는 상당히 모호하게 후일 '삶의 철학'(Lebensphilosophie)에서 구체적으로 드러날 일련의 문제의식들을 받아들였다고 말할 수 있다. 이탈리아 미래파는 아방가르드를 자임하면서 과거를 청산하고 새로운 예술을 꽃피울 역사적 책무를 강조했고, 이런 과정에서 얻게 된 다양한 경험들을 작품으로 표현했기에, 상당히 충동적이고 무계획적일 수밖에 없었다. 한마디로 미래주의 선언이라는 거창한 슬로건을 내걸긴 했지만, 구체적으로 자신들의 이상을 실현하기 위해 무엇을 해야 할지 전혀 모르는 풋내기 젊은이들이었다고 해도 과언이 아니었다. 물론 마리네티는 선언문에서 "우리 중 나이가 제일 많은 이가 서른"이라고 당당히 선언한다. 그리고 십 년 뒤가 되면 자신들의 예술도 낡은 것이 될 것이라고 예언하면서, "우리가 마흔이 되었을 때, 우리보다 더 젊고 강인한 이들이 아마도 쓸모없는 원고처럼 우리를 쓰레기통에 던져 버릴 것"이라고 말한다. 말 그대로 이들은 자신들의 예술에게 '전통'이라는 올가미를 덧씌우는 행위를 거부하고 있다.

그러나 이런 태도는 앞에서도 지적했듯이, '새로움'을 향한 열렬한 의지만큼이나 위험한 조급증을 담고 있다. 주로 화가와 작가로 구성된 이 미숙한 예술집단은 이미 남들이 이루어 놓은 것을 마음대로 차용하거나 구미에 맞게 절충해서 내놓는 게 주된 업무였다. 이게 엄연한 미래파의 실상이긴 했지만, 이들의 사상에 지표가 된 그 무엇이 없었다고 보기는 어렵다. 이 지표가 바로 니체와 베르그송이었다.

루솔로, 「니체」(Nietzsche), 1907~1908. 니체 철학의 핵심은 삶을 긍정하는 것이다. 니체는 철학을 불신하고 삶의 공포를 종교 없이 견디는 문제에 대한 해답을 주고자 했다. 니체는 말년에 자신을 일컬어 "인간이 아닌 다이너마이트"라고 선언하는데, 미래파는 이런 말년의 니체로부터 깊은 영향을 받았다. 미래파가 선언을 예술형식으로 만든 맥락은 여기에서 태동했던 것이다.

1882년 "신은 죽었다"고 충격적인 선언을 했던 니체의 모습은 여러모로 미래주의 선언의 내용을 연상시키는 측면이 강하다. "용기와 대담함, 그리고 반역"을 시의 본질이라고 선언하는 마리네티는 심한 조증 상태에 빠진 니체의 목소리를 모방하고 있는 듯하다. 자기 자신에 대한 과대망상과 예술지상주의는 미래파를 규정짓는 중요한 요소다. "우리는 예술이 있기에 진리로 인해 타락하지 않을 것"이라는 니체의 말은 그대로 전통을 거부하고 인습을 혁파하려는 미래파의 의지로 이어진다. "높게 솟구쳐 오를수록 우리는 날지 못하는 자들을 까마득히 내려다보게 된다"는 니체의 말은 속도에 대한 탐닉과 미래에 대한 열정을 예술행위의 기준으로 삼는 미래파의 정신과 관계가 있는 것처럼 보인다. 그러나 미래파가 과연 "모든 아름다운 예술, 모든 위대한 예술은 보은(報恩)"이라는 니체의 말을 제대로 이해했는지는 여전히 의문이다. 결국 니체의 말은 불가능한 것을 추구하는 그 힘 자체가 삶을 약동시키는 것이라는 뜻을 담고 있는 것인데, 미래파는 너무 손쉽게 그 불가능성을 가능성으로 바꾸려고 했던 것이 아닌가 싶다.

어쨌든 아포리즘의 형식을 채택한 니체의 글들은 그에 대한 적대자들만큼이나 추종자들로부터 오해를 샀다. 미래파도 이런 추종자들 중 한 부류였다. 아직까지도 니체는 연구자들 사이에서도 합의된 의견이 미미한 철학자로 악명이 높을 정도다. 이들은 니체의 잡종성을 제대로 이해하지 못한 것으로 보이는데, 설령 제대로 이해했다고 할지라도 자신들에게 필요한 부분만을 선택했다는 혐의에서 자유로울 수가 없다. 『차라투스트라는 이렇게 말했다』와 『힘을 향한 의지』에서 표현된 니체의 철학은 현대의 파편화된 합리주의를 깨뜨리고 이런 합리주의가 설정한 "선악의 경계"를 넘어가고자 했던 시도였다.

니체의 관점에서 본다면, 합리성의 진리라는 건 '원근법주의'(perspectivism)가 만들어 내는 일종의 착시현상이다. 이런 까닭에 니체는 진리가 원근법적이라고 말한다. 또한 니체에게 도덕은 두 가지로 분류될 수 있는데, 주인의 도덕과 노예의 도덕이 그것이다. 여기에서 주인의 도덕이라는 건 '삶을 찬양하는 것'이고, 노예의 도덕은 이런 주인의 도덕을 소유한 이에 대한 '원한'(ressentiment)을 표출하는 것이다. 니체의 도덕관은 기존의 합리주의 도덕관을 근본에서 뒤집어 버리는 것이다. 니체의 도덕관에 따르면, 좋고 나쁜 것, 또는 선과 악을 구분하는 기준은 주인의 도덕을 가졌는가, 아니면 노예의 도덕을 가졌는가, 하는

데 달려 있다.

이런 걸 감안한다면, 확실히 미래파의 주장은 니체의 철학사상과 거리가 있다. 니체가 '삶의 찬양'이라고 말한 것을 미래파는 '속도, 기계, 전쟁에 대한 찬양'으로 바꿔치기해 놓았다. 이런 사실을 니체가 안다면 아마 기가 막혀 졸도하지 않을까 염려스럽다. 어떻게 생각해 보면, 마리네티는 니체보다 더 정신분석학의 욕망 개념에 가까이 다가가 있었던 것인지도 모른다.

마리네티가 「미래주의 선언」에서 말하고 있는 건 목적의식과 전혀 관계없는 무의식의 차원을 드러내는 것처럼 보인다. 죽음을 사냥하듯 쫓아가는 이 청년들에게는 성모 마리아도, 이들에게 죽음을 명령할 성녀도 없다. 앞에서도 언급했듯이, 마지막 진술이 암시하는 건 삶을 끝까지 밀어붙여서 마침내 죽음에 도달할 수 있을 것이라는 죽음 충동에 대한 찬양이다. 이런 생각은 분명 니체와 구분되는 것이고, 니체와 더불어 미래파가 영향을 받았던 베르그송의 철학에서도 찾아보기 힘든 것이다. 니체와 베르그송은 정신분석학과 유사한 사유를 하긴 했지만, 하나의 구조로 작동하는 무의식의 차원을 인정했다고 보기 어렵다. 게다가 미래파는 니체가 '초인'을 영웅적 예술가로 설정했다는 사실만을 받아들였을 뿐, 이 초인이 의미하는 게 당대의 한계와 타협을 벗어난 존재라는 점을 외면했다. 이 때문에 "단지 예술적 현상으로서만 세계와 인간의 존재는 옳은 것이 되리라"는 니체의 말을 미래파식으로 "영웅적 예술가는 옳은 존재"라고 곡해할 수밖에 없었던 것이다.

니체가 말한 초인은 실제로 영웅이라기보다 디오니소스 같은 비극의 주인공이다. 말하자면, 삶의 한가운데로 내려가서 제 살을 찢어발기

앙리 베르그송(Henri Bergson, 1859~1941).

는 고통을 감내하는, 그 죽음을 통해 부활하는 존재를 뜻한다. 이런 맥락에서 니체의 초인은 '모든 걸 초월해 있는 사람'(super-man)이 아니고 '넘어가는 사람'(over-man)이다. 무엇을 넘어가는가? 삶을 넘어가는 것이다. 미래파는 삶을 넘어가기에 너무 엘리트 의식이 강했고 성질이 급했다. 미래파는 이런 니체 사상의 본질보다 그의 예언적 말투를 흉내 내며, '초인'을 자신 속에 구현하려고 했다. 이런 시도가 정치권력을 획득했을 때 누구도 예측하지 못한 무시무시한 재앙이 될 수밖에 없는 것이다.

한편, 베르그송은 시간과 '됨'(becoming)이라는 두 가지 개념으로 미래파를 사로잡았다. 베르그송은 시간이란 것이 하나의 흐름이고 이런 시간의 흐름에 따라 의식도 흘러간다는 독특한 견해를 내놓았다. 이런 생각은 주체를 어떤 고정된 실체로 여겼던 근대철학의 관점과 완전히 다른 것이다. 그런데 의식이 이렇게 흘러 다닌다면 도대체 개인은 어떻게 존재할 수 있는 것일까? 이런 문제를 해결하기 위해 베르그송은 '지속'(durée)이라는 개념을 만들어 냈다. 의식의 흐름에 대한 생각을 그만이 했던 건 아니다. 윌리엄 제임스라는 미국의 철학자도 비슷한 개념을 사용해서 사고 작용을 설명했다. 이 둘은 서로 친분을 맺었으나, 베르그송은 제임스에게서 영감을 얻어 이 개념을 만든 것이 아니라고 해명했다. 니체와 달리 베르그송은 인식에 더 비중을 두었는데, 지식을 '상대적 지식'과 '절대적 지식'으로 나눈 것만 봐도 이 사실을 알 수가 있다. 상대적 지식은 사물을 관찰, 분석, 이해하는 것으로 근대과학의 인식방법이다. 이와 달리 절대적 지식은 직관을 통해 사물의 내재성과 공감을 얻어 내는 것이다. 당연히 베르그송에게 중요한 건 상대적 지식이라기보다 절대적 지식이다. 이런 측면에서 베르그송은 시계를 생명 속의 죽음을 가리키고 있는 상징이라고 봤다. 이런 생각은 흐름을 수학적으로 끊고 지속을 합리적 이해에 맞춰 일도양단해서 표현하는 근대성에 대한 반발을 숨기고 있는 것이라고 볼 수 있다. 그래서 베르그송이 니체와 마찬가지로 예술가를 기계보다 우위에 둔 건 충분히 예상할 수 있는 일.

이런 이유로 베르그송에게 예술가는 직관적 능력과 역동성에 몸과 마음을 맡겨 의식의 흐름에 따라 "물질세계의 단일한 흐름, 흐름의 연속성으로 이루어지는 됨"을 표현하는 존재였다. 그러나 재미있게도 베르그송은 정작 자신의 철학을 구현한 아방가르드 예술을 탐탁지 않게 여겼다. 마치 영국의 비평가 존 러스킨이 미학이념의 측면에서 본다면 오히려 자신의 사상을 적절하게 구현하고 있었던 인상파를 좋아하지 않았던 것처럼 말이다. 철학과 예술이 따로 노는 광경은 베르그송에게만 해당되는 것이 아니었던 셈이다.

어쨌든 1차 세계대전이 끝난 뒤에 베르그송의 강의는 더욱 인기를 끌게 되었는데, 마리네티는 물론이고, 윈덤 루이스, 기욤 아폴리네르, 조르주 소렐 같은 이들에게 베르그송의 사상은 고리타분하고 답답한 현재를 끝장낼 미래가 들이닥칠 수밖에 없는 이유를 설명하는 중요한 이론적 근거를 제공했다. 이 무렵에 베르그송은 『창조적 진화』라는 책을 쓰는데, 이 책은 찰스 다윈의 진화론을 '생명의 약동'이라는 관점에서 새롭게 정의한 것이다. 베르그송은 진화의 원동력을 만들어 내는 역동성을 방해하는 원인으로 기계를 꼽았다. 이런 사실을 놓고 봐도, 미래파가 베르그송의 영향을 받긴 했지만 과연 제대로 그의 사상을 예술행위에 구현하려고 했던 것인지는 의심스러울 수밖에 없다. 니체의 경우와 마찬가지로 미래파는 베르그송도 작위적으로 필요한 부분만을 갖다가 썼을 뿐이 아닌가 하는 의구심이 드는 것이다. 달리 생각해 보면, 오직 미래파에게 중요했던 건 지속, 직관, 진화, 생명의 약동, 습관 같은 어휘들이었고, 이런 어휘들은 기존의 질서를 벗어날 수 있는 상상력의 열쇠를 제공했다고 볼 수 있다. 개념이 곧 새로운 상상력의 뿌리라고 본다면, 이들의 행위가 예술의 차원에서 잘못된 일은 아닐 것이다. 그러나 기존의 예술사조와 기법을 공격하기 위해 이들이 내세운 것이 기술과 과학이었다는 사실은, 흥미롭게도 이들이 미래주의 작업을 단순한 예술의 차원에 묶어 두고 싶어 하지 않았다는 걸 암시한다. 미래파는 이처럼 끊임없는 자기 분열과 모순의 궤도 위를 달리는 폭주기관차 같았다.

미래주의 화가 선언(1910)

이탈리아의 젊은 예술가들에게!

우리가 내뱉은 저항의 외침은 우리의 이상과 미래주의 시인들의 이상을 서로 제휴하는 것이었다. 어떤 미학적 파벌들이 이런 이상들을 날조한 것이 아니다. 이것들은 오늘날 모든 창조적 예술가의 혈관에서 들끓고 있는 폭력적 욕망의 표현이다.

우리는 모든 힘을 쏟아 광신적이고, 몰상식하고, 속물적인 과거에 대한 종교, 타락한 박물관을 통해 고무받고 있는 종교와 싸울 것이다. 우리는 오래된 캔버스들과 조각상들, 그리고 골동품들을 줏대 없이 숭배하는 것에 대항해서, 불결하고, 벌레 먹고, 시간에 부식된 모든 것에 대항해서 반란을 일으킨다. 우리는 젊고, 새롭고, 그리고 옳지 않고 심지어 범죄적인 것이 되기 위해 삶을 불사르는 모든 것에 대한 습관적 경멸을 염려한다.

동지들, 우리는 승리에 찬 과학의 진보가 지금 인간성에 심오한 변화, 과거 전통에 유순하게 길들여진 노예들과, 미래에 대한 장려한 위업을 확신하는, 우리 자유로운 현대인 사이에 심연을 갈라놓는 변화를 불가피하게 초래하고 있다는 것을 그대에게 알린다.

우리는, 16세기 이래로, 고대 로마인들의 영광을 끊임없이 우려먹어 온 예술가들의 비열한 게으름에 신물이 난다.

우리 세기의 눈으로 본다면, 이탈리아는 확실하게, 묘지로 하얗게 바랜 광대한 폼페이, 시체들의 땅이다. 그러나 이탈리아는 다시 태어나고 있다. 이탈리아의 정치적 부활을 따라 문화적 부활이 일어날 것이다. 까막눈 농부가 살던 땅에 학교들이 세워질 것이다 ; 태양 아래 아무것도 할 것이 없는 것이 유일한 직업이었던 땅에 이미 수백만 대의 기계들이 포효하고 있다 ; 전통적 미학들이 정상을 지배하던 땅에 새로운 예술적 영감의 비상(飛翔)이 출몰해 재기발랄하게 세계를 뒤흔들어 놓고 있다.

살아 있는 예술이 삶을 자기를 둘러싼 환경으로부터 이끌어 내고 있다. 우리 선조들은 예술의 영감을 영혼에 양식을 주는 종교의 분위기에서 끌어냈다 ; 동일한 방식으로 우리는 당대의 삶이 제공하는 생생한 기적을 호흡해야 한다——이런 삶이란 바로, 전 지구적으로 발전하고 있는 빠른 의사소통의 강철 같은 네트워크, 대서양을 가로지르는 정기선들, 파멸의 불안, 우리의 하늘을 헤치고 나아가는 놀라운 비행기 편대들, 잠수정 탐사기의 밑 모를 용기들, 그리고 알지 못하는 것을 정복하고자 하는 격렬한 투쟁이다. 위대한 도시가 부여하는 열광적 삶과 밤의 유흥에 대한 가슴 벅차고 새로운 심리학, 긴 여행을 떠나는 열에 들뜬 형상들과 매춘부, 그리고 조직폭력배와 압생트 취객에 어떻게 우리는 무감각할 수 있겠는가?

우리는 또한 미학적 표현이 재생되는 이런 중요한 순간에 우리의 역할을 다할 것이다 : 우리는 거짓 현대성의 건물 뒤에 끈질기게 숨어 있는, 그러나 실제로는 전통과 아카데미즘에 얽매여 있는, 그리고 무엇보다도, 구역질 나는 대뇌의 게으름에 찌들어 있는, 모든 예술가와 모든 제도에 대해 전쟁을 선언한다.

우리는 로마에서 애처로운 고전주의의 병든 부활을 위해 일어선 어중이떠중이에 대한 찬사를 청춘에 대한 모욕으로 느끼며 비난한다 ; 이런 모욕들은, 피렌체에서 그들이 지껄여 대고 있는, 암수한몸 같은 고어(古語)들을 지겹게 경작하는 것 ; 보행자와, 밀라노에서 그들이 구매한, 마구잡이로 만든 48년산 수공예품 ; 연금이나 받는, 세계는 토리노에 있다고 생각하는 정부 관료들의 작품 ; 베네치아에서 그들이 숭배하는 석화된 연금술사들의 집단이 만들어 낸 딱딱한 껍데기가 앉은 쓰레기들의 잡동사니 더미다. 우리는 모든 피상성과 진부함에 저항한다── 이탈리아 전역을 통틀어 우러러 존경할 만한 예술가들 대부분의 작품들에게 마음 깊이 우러나는 우리의 경멸을 받을 만하게 만드는 초라하고 나긋나긋한 모든 상업주의가 바로 이것이다.

낡아 빠진 외피를 다시 씌우려는 고용된 복원자들로부터 멀찍이 떨어져라. 만성으로 시체를 욕보이는 짓을 즐기는 맛이 간 고고학자들로부터 멀찍이 떨어져라! 비평가들, 그 배부른 갈보들을 타도하라! 통풍 걸린 학자들과 술 취하고 무식한 교수들을 타도하자!

진정한 종교적 숭배에 빠진 이런 설교가들에게, 이런 미적 법칙의 수호자들에게, 오늘날 조반니 세간티니의 작품을 어디에 가서 볼 수 있는지를 물어라. 그들에게 왜 위원회의 관리들이 가에타노 프레비아티의 존재를 모르는지 물어 보라. 그들에게 메다르도 로소의 조각상을 어디 가서 볼 수 있는지를 물어 보라? 그렇지 않으면 누가 아직 투쟁과 고통이 이십 년이 되지 않은, 그러나 여전히 조국의 영광을 위해 작품을 제작하고 있는 예술가들에 대해 일말의 관심이라도 가지겠는가?

이런 매수된 비평가들은 방어할 다른 이해관계를 가지고 있다. 전시회들, 대회들, 피상적이고 결코 이해관계에서 자유롭지 못한 비평들이야말로 진짜 매춘이라는 불명예스러운 상태로 이탈리아 예술을 몰아넣고 있는 것이다.

그렇다면 우리의 존경받는 '전문가들'은 어떤가? 그들을 몽땅 던져 버려라. 끝장을 내버려라! 초상화가들, 장르화가들, 호수나 그리는 화가들, 산이나 그리는 화가들을 몽땅 날려 버려라. 우리는 시골에서 한가하게 노니는 이런 무력한 화가들에 대해 참을 만큼 참았다.

대리석을 쪼개 우리 광장을 혼란스럽게 만들고 우리 묘지를 더럽히는 이들을 타도하라! 구경꾼들과 고삐 잡힌 콘크리트 건물들을 타도하라! 열심히 일만 하는 미장이들, 엉터리 도공들, 잘 팔리는 포스터 화가들, 그리고 조잡하고 멍청한 삽화가들을 타도하라!

우리의 마지막 **결론**은 다음과 같다.

미래주의를 열렬하게 지지하며, 우리는:

1. 과거에 대한 숭배, 고전작가에 대한 강박, 현학적이고 학구적인 형식주의를 파괴할 것이다.

2. 모든 모방을 전적으로 배격할 것이다.

3. 무모하거나 폭력적일지라도, 독창성을 위한 모든 시도를 고양할 것이다.

4. 모든 혁신자들의 말문을 막아 버리는 '광기'라는 모욕을 용감하고 자랑스럽게 감내할 것이다.

5. 모든 예술비평가들을 무용하고 위험하다고 간주할 것이다.

6. 단어의 절대권력에 대항해 반란을 일으킬 것이다 : 이런 단어들은 '조화'와 '좋은 취미', 그리고 렘브란트, 고야, 로댕의 작품을 파괴하기 위해서도 사용할 수 있는 자유분방한 표현들이다.

7. 예술의 모든 영역에서 과거에 사용되었던 모든 테마와 주제를 말끔하게 청소해 낼 것이다.

8. 일상 속에서 과학의 승리를 통해 지속적이면서 놀랍게 변화하고 있는 이 세상을 지지하고 영광스럽게 찬양할 것이다.

시체는 지구의 가장 깊은 내부에 묻힐 것이다! 미래의 문턱에서 미라들은 깨끗이 청소될 것이다! 청춘을 위한, 폭력을 위한, 대담함을 위한 기회를 만들어라!

1910년 2월 11일 『포에지아』(밀라노)
보초니, 카라, 루솔로, 발라, 세베리니

마리네티의 선언이 나오고 1년 뒤, 미래파 화가들은 그의 선언에 동조하는 자신들의 선언문을 『포에지아』에 출판하는데, 미래파 화가들의 선언은 마리네티의 최초 선언과 유사한 짜임새로, 이탈리아의 젊은 예술가들에 대한 호소를 첫머리에 올려놓고 있다. 간단하게 일별해도, 미래파 화가들의 선언은 핵심 사상이나 수사에서 마리네티의 주장을 되풀이하고 있는 듯하다. 이들은 "반란을 요청한 우리의 이상이 미래파 시인들로부터 동조를 받고 있다"고 주장하면서, 자신들의 예술적 이상이 몇몇 예술가들의 파벌 사이에서만 통용되고 있는 것이 아니라고 강변한다. 그러나 이런 주장은 어폐가 있는 말이다. 실제로 순서를 따지자면 마리네티의 선언이 먼저 있었고 그 다음에 미래파 화가들이 그 모습을 드러낸 것이기 때문에, 원래부터 자신들이 미래주의를 이상으로 삼고 있었고 이를 미래파 시인들이 인준해 준 것이라고 말하는 건 어딘가 앞뒤가 맞지 않는다. 이런 걸 요즘 말로 한다면 '자가발전'이 아니겠는가.

여하튼, 이렇게 자가발전을 해서라도 미래주의의 존재를 세상에 알리는 것이 이들에게 급선무였던 것 같다. 미래파 화가들은 「미래주의 화가 선언」뿐만 아니라 「미래주의 회화: 기법 선언」을 같은 해에 발표하는데, 여기에서 이들은 앞서 내놓았던 선언문을 더 명료하게 다듬어 발표하면서 미래주의 회화가 추구해야 할 기교에 대해 밝히고 있다. 이를 요약하자면, 미래주의 회화는 ①현대회화를 고색창연하게 만드는 푸른 색조를 쓰지 않고, ②고대 이집트에서 기원한 원형주의의 선형적 형상과 평면적 색조를 배격하며, ③과정보다는 지루한 일상의 반복에 고착된 새로운 아카데미를 만들려고 획책하는 분리주의자들이나 독립주의자들이 제기한 미래에 대한 거짓 주장에 현혹되지 않고, ④문학에서 묘

조르주 쇠라, 「포르앙베생 : 항구 입구」(Port-en-Bessin : Entré du port), 1888.

사되는 간통만큼이나 구역질 나고 지루한 누드 따위는 그리지 않는다는
것이다.

솔직히 미술사에 대해 조금 아는 사람이라면 이런 주장이 별로 새
삼스러운 게 아니라는 걸 금방 눈치 챌 수 있다. 르네상스 고전주의를
배격하겠다는 생각은 19세기에 인상파나 라파엘전파가 제기하고, 20세
기에 이르러 입체파가 혁명적으로 실천한 일이기 때문이다. 물론 여기
에서 이런 유파들과 구별되는 미래파 고유의 입장이 없는 건 아니다. 미
래파는 스스로 한발 더 나아가서 입체파의 미학도 거부한다고 주장한

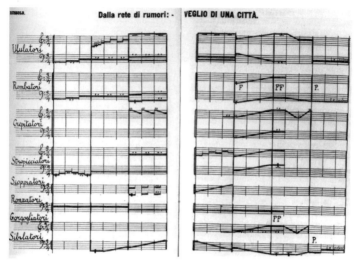

루솔로, 「도시의 각성」(*Verglio di una città*), 1914.

다. 이들의 주장에 따르면, 입체파의 미학은 '표면'만을 그리는 것이고, 도형화는 고대 이집트의 원형주의를 그대로 도입한 것에 불과한 것이다. 이들에게 중요한 건 인간의 형상을 그릴 때 그 형상만을 그리는 게 아니라 그 주변의 분위기도 함께 그려야 한다는 것이다. 이 주장에 담겨 있는 속뜻은 환경과 동떨어진 존재로 인간을 그리는 것이 아니라, '됨' 또는 '생성'의 과정 자체를 존재로 파악하는 미학사상을 드러내는 것이다. 이런 차원에서 이들은 "공간은 더 이상 존재하지 않는다"고 말한다. 이 말은 고정된 공간의 존재가 문제가 아니라, 그 공간의 전이, 다시 말해서 과정 자체가 중요하다는 뜻이다. 정확하게 말하면, 미래파 화가들은 엑스레이 투시처럼 형상 안을 꿰뚫어 보고 그 형상을 만들어 내는 모든 것을 언어나 물감으로 표현하는 게 관건이었다.

「미래주의 화가 선언」에 뒤이어 나온 「미래주의 음악가 선언」은 발릴라 프라텔라가 주도했는데, 이 선언문 또한 기본 정신에서 「미래주의 선언」에서 표명된 주장들을 그대로 되풀이하고 있다. 「미래주의 화가 선언」처럼, 이 선언문도 젊은이에 대한 호소로 선언을 시작하고 있는 게 흥미롭다. "오직 젊은이들만이 나의 말에 귀 기울이고, 내가 무슨 말을 하는지 알아들을 수 있다"는 프라텔라의 말은 여러 가지 의미를 함축한다. 젊은이들을 주된 청자로 설정함으로써, 이들은 자신들의 예술과 새롭게 태동하는 세력 사이에 일체감을 조성하고자 한다.

루이기 루솔로(1885~1947). 루솔로는 화가이자 작곡가였다. 그는 기계와 음악의 관계에 대해 관심이 많았는데, 그래서 '소음기계'를 만들어 냈다. 최초로 전자음악에 대한 이론을 펼친 음악가이기도 하다.

모든 새로운 사조는 낡은 것을 배격하고 새로운 것을 찬양하게 마련이다. 그러나 미래파처럼 낡은 것에 대한 적대감이 강렬한 경우는 찾아보기 힘들다. 인상파만 해도 처음 등장할 때 에밀 졸라나 샤를 보들레르 같은 지지자들이 있었고, 라파엘전파의 경우도 존 러스킨이 이들에게 힘을 실어 줬다. 그런데 미래파의 경우는 이런 구세대의 지지를 발견하기 어렵다. 이들은 말 그대로 고아였던 셈이다. 이런 고아의식은 미래파 스스로 조장한 위악일지도 모른다. 프라텔라 역시 음악가가 되고자 하는 학생들에게 "음악 학교 같은 건 때려 치우라"고 조언하면서, 모든 과거의 전통과 영향을 배격할 것을 주문한다. 프라텔라는 "잘 만든 음

루솔로가 그의 조수와 함께 소음기계를 작동시키고 있다(1913).

악"에 대한 편견을 버리고, "미래주의 음악"에 헌신하라고 주장한다.

물론 프라텔라의 말만 듣고는 도대체 미래주의 음악이란 게 무엇
인지 감을 잡기 어렵다. 다만 이 선언문에 제시된 내용에 따르면 미래주
의 음악은 "이탈리아에서 태동하고 있는 새로운 음악 취향"으로, 거장
으로 돌아가자는 슬로건을 배척한 "음악을 위한 극적이고 비극적인 시
(詩)"다. 우리는 여기에서 어렵지 않게 프라텔라가 말하는 음악이라는
게 마리네티가 말하는 "용기, 대담함, 반란"을 본질적 요소로 간직한 그
시라는 사실을 알아차릴 수 있다. 음악이 과연 문학과 동일할 수 있는
문제인지는 복잡한 논의를 거쳐야 불확실하게나마 결론을 얻을 수 있을
것이다. 전통적으로 음악은 오히려 수학이나 논리학에 가까운 장르인
데, 과연 이런 장르의 특성이 어떻게 시의 문제와 결합될 수 있는 것인
지는 미지수다.

그러나 이런 문제를 떠나서, 미래주의 음악에 대한 프라텔라의 요청은 논리적으로 동어반복에 빠질 수밖에 없는 운명이다. 왜냐하면 '미래주의 음악이 무엇입니까?' 하는 질문은 시에 대한 마리네티의 정의로 돌아갈 수밖에 없기 때문이다. 말하자면, 미래주의 음악은 미래주의 시에 대한 정의에 종속되어 있는 것이다. 이런 사실이 보여 주는 건 명확하다. 그러니까 「미래주의 음악가 선언」도 미래주의에 대한 마리네티의 정의를 별다른 고민 없이 선언적으로 음악영역에 적용한 것뿐이라는 사실 말이다. 이벤트성 선포를 통해 대중에게 충격을 주려고 했던 미래파의 전략은 내용이나 사상의 발전보다 형식의 반복에 초점을 둔 것처럼 보인다.

그러나 선언이라는 새로운 예술형식을 개발한 미래파의 전략이 과오로만 치부될 수는 없는 노릇이다. 미래파 이후, 다다이즘이든 초현실주의든, 선언의 예술은 '문학'과 '이론' 사이에 놓인 경계를 희미하게 만들어 갔는데, 이런 현상은 현대비평에서 제기되고 있는 문제의식을 그대로 표현하고 있기 때문이다. 그러니까, 비평의 임무가 더 이상 작품에 대한 교정이나 지도의 차원을 벗어나서 비평 자체가 일종의 예술장르로 변화하는 것을 이런 선언의 예술이 예시하고 있는 셈이다. 물론 이런 상황은 미래주의 화가들이 예술비평가를 무용하다고 봤던 것과 사뭇 다른 결과다.

미래주의의 경우에서 확인할 수 있듯이, 1910년대와 1920년대 아방가르드 예술은 한마디로 '안티'로 정의 내릴 수 있다. 이 시대의 아방가르드 예술이 반대한 것은 지배문화의 예술이었다. 그런데 이 반대의 행동에서 미래주의가 궁극적으로 추구한 것은 예술 텍스트 안에 있는

발라, 「노동자의 하루」(*La giornata dell' operaio*), 1904.

것이 아니라 이 텍스트를 벗어난 어떤 물질성을 컨텍스트 속에 배치하는 일이었다. 러시아 미래파에게 이 물질성이 언어였다면, 이탈리아 미래파에게 이것은 기계였다. 미래파에게 기계가 의미하는 것은 인간과 다른 차원에서 작동하는, 인간의 한계를 넘어선 어떤 힘을 의미했다. '야수와 같은 기계'라는 반(反)이성주의적 이미지는 마리네티를 위시한 미래파의 정치학이 무엇을 암시하는 것인지를 보여 주는 일종의 거울 같은 것이다. 그러나 이런 낭만적인 기계론은 문명을 한 치의 오차도 없이 기계로 대체해 나가는 자본주의의 합리화 논리를 적절하게 드러내지 못한다. 이들에게 기계는 지금 현재의 처지를 타파할 수 있는, 신이라는 초월적 범주를 대체할 다른 무엇이었을지도 모른다.

미래파 화가들은 "우리의 그림들은 절대적으로 미래주의의 개념,

프랭크 밀러가 그린 『씬시티』의 한 장면. 밀러의 기법은 아방가르드 미학과 대중문화가 어떻게 타협하는지를 잘 보여주는 사례이다.

윤리학, 미학, 정치학, 그리고 사회학에서 기인하고 있기 때문에 미래주의적"이라고 1912년 런던 전시회의 도록에 적고 있는데, 이런 말에서 우리는 미래파가 오직 자기 자신만을 미래주의의 사도라고 생각했던 것이 아니라는 걸 짐작할 수가 있다. 말하자면, 특히 미래파 화가들은 당대를 풍미했던 사회주의 리얼리즘, 상징주의, 인상주의, 그리고 신인상주의에 대한 하나의 응답으로 미래주의를 선언했던 것이다.

니체의 영향을 받은 이들은 예술을 사회의 첨단으로 봤고, 더불어 예술가를 낡은 것과 싸우는 신생의 전사로 받아들였다. 이런 맥락에서 모든 예술은 전위여야 했고, 이러한 정의에 따라 예술가는 개척가의 전망을 갖춘, 모든 인류의 선봉대가 되어야 했다. 이와 같은 원칙은 미래파 화가들의 그림을 관통하는 이념 같은 것이다. 예를 들어, 발라의 그림을 보면 이러한 미래파의 원칙이 어떻게 그림의 양상을 변화시키고 있는지를 알 수가 있다. 미래주의를 받아들이기 전까지 발라의 그림은

발라, 「가로등」(Lampada : Studio di luce), 1909.

사회주의 정치학의 자장 속에 있었다. 그래서 그의 그림은 주로 노동계급이나 도시빈민들, 또는 파산자나 미치광이와 같은 주변적 존재들을 그리는 일에 주력했다. 「노동자의 하루」라는 작품을 보면, 이런 발라의 경향성을 잘 파악할 수가 있다. 그런데 인상파의 모네 풍으로 그려진 이 그림에서 흥미로운 건 그림을 프레임으로 나눠 놓았다는 점이다. 이런 방식은 하루 동안 루앙 대성당의 모습을 차례로 화폭에 담은 모네의 실험을 흉내 낸 것인데, 발라는 하나의 화폭을 통해 건축 노동자의 일상을 한꺼번에 보여 주고자 했던 셈이다. 이런 프레임의 분리는 여러모로 현대적인 카툰을 연상시킨다. 이러한 카툰의 기법은 최근 「헐크」나 「씬시티」 같은 만화를 원작으로 한 영화에도 도입되어 비슷한 시각효과를 발휘하고 있다.

물론, 리처드 험프리스 같은 이는 이런 발라의 기법을 일러, '벽돌처럼 보이는 프레임은 주제의식을 드러내는 것과 동시에 건설이라는 주제를 강조하는 것'이라고 말한다. 발라의 그림은 그의 미래주의를 암시하고 있는데, 구체적으로 시간의 흐름에 따른 변화를 묘사하고 있다는 점이 여기에 해당한다. 어쨌든, 발라의 그림은 미래주의 선언 이후 이런 특징을 더욱 발전시키는 쪽으로 바뀐다. 이와 같은 변화는 「가로등」이라는 작품에서 잘 드러난다. "고색창연한 색조"를 쓰지 않고, "평면적 색채를 배격"하며, 누드 같은 이상적 형태를 그리지 않는다는 미래주의의 원칙을 이미 1909년에 제작한 작품에서 발견할 수 있는 것이다. 짐작건대, 「가로등」은 마리네티의 미래주의 선언에서 영향을 받고, 이를 나름대로 실천한 작품이라고 할 수 있다.

발라의 「가로등」은 마리네티가 1909년에 썼던 신문 「달빛을 살해하자」를 연상시킨다. 이 산문은 미래주의 선언문을 발표하고 2개월 뒤에 쓴 것이다.

고원에 서 있는 듯한 공허한 고독 속에서 한 외침소리가 울렸다 : '달빛을 살해하자!' 몇몇이 가까운 캐스케이드로 달려갔다 ; 거대한 바퀴들이 세워져, 터빈이 쏟아지는 물을 전깃줄로 질주하는 자장으로 바꿔, 높은 전신주로, 환하게 빛나고 윙윙거리는 전구로 올려 보냈다.
그렇게 삼백 개의 전기 달이 눈이 멀 만큼 전광석화 같은 흰빛으로 사랑 타령의 단골대상인 고대의 푸른 여신을 소멸시켜 버렸다.

여기에서 "푸른 여신"은 달을 뜻한다. 이를 통해 우리는 미래파 화가들 선언에 나오는 "현대회화를 고색창연하게 만드는 푸른 색조"가 달빛을 의미한다는 걸 깨달을 수 있다. 피카소의 청색시대를 염두에 둔 것처럼 보이는 이런 발언은, 그때까지 예술의 원천으로 받아들여졌던 낭만주의적 멜랑콜리를 배격하겠다는 뜻이기도 하다.

멜랑콜리는 고대로부터 신체 안의 담즙이 균형을 잃으면 발생하는 병으로 여겨졌는데, 그리스인들은 특히 검은 담즙이 넘치게 되면 발병하는 것으로 믿었다. 멜랑콜리라는 말 자체도 '검다' ($\mu\epsilon\lambda\alpha\varsigma$; melas)라는 말과 '담즙' ($\chi o\lambda\eta$; kholé)이라는 말이 합쳐져서 만들어졌다. 대체로 나쁜 의미로 통하던 멜랑콜리라는 말이 창조적 영감의 원천으로 받아들여지기 시작한 것은 17세기 영국에서 일어난 멜랑콜리 숭배 문화 때문이었다. 종교개혁으로 인한 혼란과 신념에 대한 불확실성이 당시 서구인들에게 죄와 저주, 그리고 구원에 대한 깊은 관심을 불러일으켰던 것이다. 이런 영국의 멜랑콜리 숭배를 잘 보여 주는 극적 인물이 바로 셰익스피어의 햄릿이다. 셰익스피어는 햄릿을 일컬어, "멜랑콜리한 덴마크 왕자"라고 칭했다. 멜랑콜리에 대한 이런 숭배는 낭만주의에 이르러 절정에 달하고, 오늘날 우리에게도 익숙한 예술가의 표상을 지배하는 하나의 이미지가 되었다.

미래파가 멜랑콜리와 같은 전통적인 예술가상에 반발한 것은 당연한 일일 것이다. 멜랑콜리 같은 소극적 정서를 벗어던지기 위해서 이들이 선택한 것은 결과적으로 남성의 힘이었다. 달빛을 거부하면서 이들이 선택한 전깃불은 남성 기계문명의 상징이기도 했다. 당연히 이

미래파의 여성혐오는 니체를 닮아 있다. 니체는 "여성에게 갈 생각인가? 그러면 채찍을 준비하라"는 악명 높은 말을 남길 정도였다. 이탈리아 파시즘이 그리는 여성성은 남성과 동일한 차원에 놓여 있다. 활을 쏘고 있는 여성을 그린 이 파시즘 선전화가 보여 주는 것은 강인한 여성에 대한 열망을 드러낸다.

런 분위기에서 여성에 대한 경멸이 튀어나오지 않을 수 없다. 미래파들에게 여성은 반(反)현대적인 것으로, 변화에 저항하는 반동으로 치부되었다. 물론 이들이 말하는 여성이 현실의 여성을 의미한다기보다, 서구 문화에서 보통 문명의 반대로 받아들여졌던 여성성(feminity)에 대한 문화적 표상 자체를 가리키는 것이라고 봐야 할 것이다. 서구에서 여성은 대체로 자연에 가까운 존재였고, 남성으로 표상되는 이성주의와 대립하는 것으로 받아들여졌다. 그래서 여성은 항상 남성의 통제나 관리가 있어야 하는 존재이고, 여차하면 본성을 발휘해서 남성의 법과 질서

보초니, 「포르타 로마나의 공장들」(*Officine a Porta Romana*), 1909.

를 허물어뜨리는 잠재적 악으로 여겨졌다. 미래파는 이런 관점에서 여성성을 혐오하고 거부하는 것이라고 할 수 있다.

기계에 대한 찬양과 연결해서 생각해 보면, 이런 미래파의 여성혐오를 '탈인간성' 또는 '비인간성'에 대한 갈망으로 볼 수도 있을 것이다. 이런 까닭에 피터 니콜스는 미래파의 여성관이 역설적이라는 사실을 인정하면서, "새로운 영웅적 존재에 대한 마리네티의 환상이 초인적 남성성에 대한 꿈에 지나지 않았지만, 그가 이를 통해 부족하고 부적합하기 때문에 폐기하고자 했던 것은 전통적 여성성이라기보다, 성차(性差) 그 자체를 함의하고 있는 것"이라고 주장한다. 어떻게 생각하면, 마리네티와 미래파들은 이상적 이미지로만 재현되는 전통적 여인상을 폐지하고, 「툼레이더」에 등장하는 '라라 크로프트' 같은 여성의 도래를 열렬히 바랐던 것인지도 모른다. 이런 추측에 확신을 실어 주는 글을 마리네티는 1909년에 『포에지아』에 발표하는데, 이 글에서 마리네티는 "상상력이 빚어낸 작품에서 이상적 여성에 대한 강박, 라틴 인민들의 사랑을 통치하는 난폭한 체제가 우리에게 제공하는 끔찍한 구토"라는 표현을 썼다.

발라를 비롯한 미래파 화가들은 인간은 환경의 산물이라는 사실을 주로 표현하고자 했다. 발라의 제자였던 보초니는 이런 관점에 동조하면서 미래파에 가담했다. 발라나 다른 화가들에 비해 보초니는 미래파의 사고에 결정적 영향을 미치는 혁신을 주도했다. 니체 숭배자였던 그는 발라의 그림에서 발견되는 사실주의 요소를 비판했다. 그러나 1909년에 그린「포르타 로마나의 공장들」에서 우리는 어렵지 않게 발라와 유사한 주제의식을 발견할 수 있다. 이 그림이 보여 주는 건 농촌지역을 파고 들어오는 도시의 '모습이자, 동시에 과거를 현재의 역동성으로 소멸시켜 버리는 산업사회의 팽창이다. 사람들은 한때 밀밭이었던 곳을 가로질러 공장으로 간다. 마찬가지로 한때 농민이었던 이들은 도시 공장노동자, 말 그대로 프롤레타리아로 변모한다.

이들이야말로 미래파의 선구자이기도 한 펠리차 다 볼페도가「제4계급」에서 증언했던 '조직화된 군중'이다. 제4계급이란 무엇인가? 영국의 사상가 토머스 칼라일은 프랑스 혁명을 다룬 저서에서 교회, 귀족, 평민에 이은 새로운 신분의 위계로 언론인을 들면서, 이를 지칭해 "제4계급"(the Fourth Estate)이라고 했다. 그러나 볼페도의 그림은 이런 정의와 다른 것이다. 프랑스의 구체제를 지탱했던 세 위계에서 평민이라고 불렸던 신분은 보통 부르주아나 중간계급을 의미하는데, 볼페도의 그림에 등장하는 새로운 계급은 노동계급을 가리키는 것이다. 물론 이건 볼페도가 멋대로 정한 게 아니다. 칼라일의 정의와 다른 의미에서 볼

주세페 펠리차 다 볼페도, 「제4계급」(*Il Quarto stato*), 1898~1901.

카라, 「극장을 나서며」(*Uscita dal teatro*), 1910~1911.

폐도처럼 새롭게 등장한 노동계급을 지칭하기 위해 제4계급이라는 말을 쓰기 시작한 건 18세기로 거슬러 올라간다. 이런 식으로 용어를 사용한 전례는 영국의 소설가 헨리 필딩이 1752년『코벤트 가든 저널』에 발표한 글에서 발견할 수 있다. 그는 다음과 같이 이 용어의 의미를 사용하고 있는데,

> 우리 같은 정치적 작가들 중 누구도 세 위계의 신분, 말하자면, 왕, 귀족, 평민 이외의 존재에 대해 관심을 기울이지 않는다. …… 이들은 이 공동체에서 제4계급으로 형성되고 있는 엄청나게 거대하고 강력한 실체, …… 바로 군중에 대해 침묵할 뿐이다.

볼페도의 작품은 바로 새로운 계급에 대한 필딩의 느낌을 화폭에 옮겨 놓은 것이라고 해도 과언이 아니다. 비슷한 필치로 유사한 주제의식을 그린 인상파와 비교했을 때 미래파 화가들의 특징은 선명하게 드러난다. 도시 중간계급의 쾌락을 주로 표현했던 인상파와 다르게, 미래파 화가들은 노동자와 기계, 더 나아가 산업자본주의를 움직이는 엔진의 힘을 그려 내고자 했다. 또 다른 미래파 화가 카라의「극장을 나서며」는 미래파에게 도시의 삶이 무엇을 의미했던 것인지를 잘 보여 준다. 카라는 전깃불이 어른거리는 도시의 밤풍경을 스산하게 그려 내고 있는데, 특징적인 건 사람들의 움직임과 형체가 주변 환경과 뒤섞이는 듯이 그려 놓았다는 점이다. 마치 눈이 녹아 사라지는 듯 사람들은 극장 문을 나서 어두운 도시의 밤풍경 속으로 사라진다. 여기에서 확인할 수 있는 건 시각적 모습, 또는 모양새가 카라에게 별로 중요하지 않다는 사실이

다. 중요한 건 형형색색으로 점멸하는 불빛의 색채다. 카라의 그림은 전통적 주제의식이었던 인간보다 배경을 더 중시하고 있다. 이를 통해 카라는 인간이라는 존재를 환경에 복속시킨다는 미래주의의 원칙을 적극적으로 표현하고 있는 것이다.

보초니의 그림 「도시가 일어선다」는 이런 미래주의의 경향성을 더욱 명확하게 드러낸다. 「미래주의 화가 선언」이 있고 한 달 뒤, 토리노의 키아렐라 극장에서 낭독된 「미래주의 회화 : 기법 선언」은 "우리가 캔버스에서 재연하려는 몸짓이 더 이상 보편적 다이내미즘의 차원에서 출몰하는 고정된 순간이 아니어야 할 것"이라고 하면서, 이 몸짓이 "역동적 감각 그 자체"가 되어야 한다고 역설한다. 보초니의 작품은 이런 주장을 미래주의 회화의 기법으로 구현하고자 했다는 사실을 보여 준다. 「도시가 일어선다」는 전면을 압도하는 크기의 거대한 작품인데, 미래주의의 기법을 실험하기 위한 보초니의 첫번째 시도였다. 이 작품에서 보초니는 "노동, 빛, 운동의 거대한 종합"을 이루려고 했다고 그의 친구이자 비평가인 니노 바르반티니에게 말했다. 이 그림에서 보초니는 대상에 대한 묘사를 배제하고 형식과 색채를 통해 감정을 전달하고자 했는데, 바르반티니는 이런 보초니의 변화에 당혹감을 감추지 못하고, 보초니가 기존의 상징주의 경향과 맞지 않는 짓을 했다고 비판했다. 이런 비판에 보초니가 발끈한 건 당연지사.

보초니는 이런 비판에 대해 "역동성으로 활력 넘치는 현대생활의 새로운 제단"을 세울 필요성이 있어서 이와 같은 그림을 그렸다고 반론을 제기하면서, 이런 제단은 종교적 제단 못지않게 순수하고 고귀하다고 주장했다. 보초니가 이 그림에서 제시하고 있는 모습은, 비록 그 형

보초니, 「도시가 일어선다」(La città che sale), 1910.

체가 뚜렷하지 않고 추상의 세계를 그려 놓은 것처럼 보이지만, 가만히
들여다보면, 말을 모는 노동자와 건설현장, 그리고 군중, 전차, 굴뚝, 전
신주가 늘어선 도시의 풍경을 발견할 수가 있다. 이런 소재에 덧붙여 보
초니는 강렬한 보색대비를 활용해서 감각의 역동성도 강조하고자 했다.
이 작품은 대중들 사이에 미래주의가 어떤 것인지에 대한 확실한 인상
을 남겼지만, 과연 이게 미래주의를 대표하는 작품인지에 대한 논란은
쉽게 잦아들지 않았다. 비평가들은 1910년과 1911년 동안에 제작된 보
초니의 작품에서 19세기 상징주의의 뿌리와 입체주의자들의 영향을 읽
고 있었다. 1911년에 제작된 보초니의 「마음의 상태」 연작은 이런 특징
을 여실히 보여 준다. 미래파가 미래주의 선언의 취지를 살려 독자적인
영역을 확보하기 시작한 때는 일러도 1912년이었다.

보초니, 「마음의 상태 1」(Stati d'animo 1), 1910.

    이탈리아의 미래파에게 프랑스 파리의 첨단 예술이론을 전달하는 역할을 했던 세베리니는 보초니와 마찬가지로 입체주의에 대한 이론적 탐구를 통해 미래주의 회화를 발전시켰다. 세베리니의 「자화상」은 미래주의와 입체주의 사이에 어떤 관련성이 있는지를 잘 보여 준다. 세베리니의 작품이 정적이고 구성적인 차원에 머물러 있던 입체주의 회화에 움직임과 색채를 부여하고 있다는 걸 금방 눈치 챌 수 있을 것이다. 세베리니에 비해 보초니는 훨씬 이론적인 관점에서 입체주의를 극복하고자 했다. 예를 들자면, 보초니는 베르그송의 웃음이나 흐름, 그리고 지속 같은 개념들을 토대로 미래주의 회화의 특징을 발전시키고자 했다. 보초니의 「웃음」이라는 작품은 웃음에 대한 베르그송의 이론을 그림으로 표현한 것처럼 보인다.

세베리니, 「자화상」(*Autoritratto*), 1912.

보초니, 「웃음」(*La risata*), 1911.

　베르그송에게 웃음은 유기체적 긴장의 이완 같은 것인데, 이런 이완 현상은 생명의 약동이 직접적으로 표현되는 것이다. 이런 약동의 표현은 유기체가 기계처럼 뻣뻣하게 행동하는 것에 대한 반응이라고 베르그송은 설명하고 있다. 이 말을 쉽게 설명하면 끊임없이 움직이고 활동해야 하는 생명이 어떤 제약으로 인해 경직되었을 때 웃음이 출몰한다는 의미다. 보초니의 그림에서 웃고 있는 여인의 얼굴들은 오만상을 찡그리고 있는 남성의 얼굴과 대비되어 베르그송의 이론을 시각적으로 표현하고 있는 셈이다. 이 그림은 물랭 루주 같은 댄스홀이고, 이 풍경들은 저속한 세계에서 터져 나오는 생명의 약동을 그리고 있는 것이다. 이런 보초니에 비해, 카라는 훨씬 더 직접적으로 정치적 메시지를 그림에

카라, 「아나키스트 갈리의 장례식」(Il funerale dell' anarchico Galli), 1911.

담고 있다. 「아나키스트 갈리의 장례식」은 1904년에 목격한 실제의 사건을 기념하는 대작이다. 이 그림은 역사에 대한 미래파의 관점을 보여주는 중요한 증거다. 카라는 이 그림에서 붉은색과 주황색을 주로 사용함으로써 분노와 공격성을 시각적으로 표현했고, 아나키즘을 뜻하는 검은색 깃발을 그려 넣었다. 그림의 곳곳에 난무하는 선들은 보초니가 말했던 것처럼 "수학적 윤곽선들은 남겨진 사람들의 비애와 우울을 표현한다"는 의미 못지않게, 군중의 소음을 나타내는 것이라고 짐작할 수가 있다. 상징주의 이론에서 색채와 형태는 음악과 같은 것으로 이해되었는데, 카라는 이와 같은 이론적 토대 위에서 이런 기법을 구사하고 있는 것이라고 볼 수 있다. 루솔로는 비슷한 상황을 그리기 위해 훨씬 더 기

루솔로, 「반란」(La rivolta), 1911.

하학적인 구성을 도입했는데, 「반란」은 돌진하는 군중의 물결을 마치 포스터처럼 그려 놓았다. 이렇게 마리네티의 미래주의 선언에 화답해서 이를 예술적으로 실천하고자 했던 미래파 화가들의 노력은 이탈리아 예술에 놀라운 변화를 불러일으켰다.

　마리네티가 던져 놓은 씨앗은 보초니와 다른 미래파 화가들을 만나서 꽃을 피웠다. 물론 마리네티가 말만 해놓고 가만있었던 건 아니다. 미래파 화가들의 전시회와 강연회를 조직하며 마리네티는 '유럽의 카페인' 답게 전 유럽을 돌아다녔다. 이런 순회 자체가 이들에게는 반란이었고 예술행위였다. 보초니의 말처럼 이들이 추구했던 건, 논란의 여지를 떠나서, "독창적이고 직관적이며, 진지하고 건강한 창조성의 원천"으로 회귀하는 예술을 이탈리아에서 만들어 내는 것이었다. 사회주의자들은 미래파의 자유주의를 부담스러워했지만, 밀라노와 토리노의 노동자들 사이에서 미래주의는 관객을 확보할 수 있었다. 미래파의 활동을 한마디로 요약하자면, 그 당시에 보기 드물게 예민했던 매체에 대한 감각이라고 할 수 있다. 이들은 이른바 자가발전을 어떻게 하면 성공할 수 있는지를 너무도 잘 알고 있었다. 시끄럽고 선동적인 강연회나 공연을 개최함으로써 이들은 스스로 뉴스거리가 되도록 만들었다. 이런 역사적 사실은 미래주의와 미래파의 밝은 면과 어두운 면을 동시에 보여 주는 동전의 양면 같은 것이라고 할 수 있겠다.

WORDS
THAT
CHANGED
THE WORLD

Immediate Impact

당대에 미친 영향

이탈리아 모더니즘 운동과 미래주의

미래주의는 이탈리아 예술운동의 흐름을 일순간에 뒤바꿔 놓았다. 미래주의로 인해 프랑스 파리의 댄디즘을 모방하기에 급급했던 이탈리아 예술이 새로운 출로를 찾게 되었다고 해도 과언이 아닐 것이다. 이탈리아 예술사의 관점에서 본다면 미래주의는 당시 '새로운 이탈리아'를 추구했던 모더니즘 운동의 일환이었다고 생각할 수 있다. 미래주의와 파시즘이 손쉽게 연결되었던 까닭은 이런 '새로운 이탈리아 신화'에서 미래주의의 이념이 발원했기 때문이다. 그러나 이탈리아 모더니즘 또는 아방가르드 예술운동에 미래주의만 있었던 건 아니었다. 미래주의에 앞서서『라 보체』를 중심으로 한 일군의 모더니즘 예술가들이 있었다. 미래주의는 이런『라 보체』를 비판했지만 미래주의를 주창한 미래파라고 해서『라 보체』를 중심으로 활동한 이탈리아 모더니스트들과 문화적으로 확연하게 구분될 수 있는 것도 아니다.

좁은 의미에서 미래주의는 밀라노를 중심으로 해서 마리네티를 통해 주도되었던 예술운동이지만 넓은 의미에서 이해하자면 미래주의는 미래파라고 자신을 지칭한 모든 예술가 집단들도 포함하는 동시대의 현상이었다. 마리네티가 주도했던 미래주의는 이탈리아 전역에 깊은 영향을 끼

토스카나의 피렌체에서 발간되었던『라체르바』.

쳤는데, 그 중 중요한 것이 토스카나 주의 피렌체에서 발간되었던『라체르바』라는 예술잡지이다. 이탈리아 중부에 위치한 토스카나는 독특한 문화와 역사를 갖고 있는 지역이다. 이 지역은 중세시절부터 토스카나 공국으로 독립적 세력을 영위하던 곳이었는데, 이로 인해 독특한 풍습과 생활방식을 갖게 되었다.

토스카나나 피렌체 하면 우리는 관광책자에서 익숙하게 봤던, 고풍스러운 중세 도시의 모습을 떠올릴 것이다. 확실히 이런 유서 깊은 이미지와 미래주의 같은 아방가르드 예술운동은 어울리지 않는 것처럼 보인다. 그러나 이런 전통적 환경에 대한 반발로 아방가르드가 더욱 극성스럽게 꽃을 피운 건지도 모를 일이다. 여하튼 앞서 언급한 미래주의의 두 경향을 쉽게 정의한다면 마리네티의 미래주의에 동의하는 세력과 동의하지 않는 세력으로 미래파를 나눌 수 있을 것이다.『라체르바』를 주도했던 인물은 소피치와 파피니라는 예술가들이었는데, 이들은 마리네티에게 느슨하게나마 동조하고 있었다. 이들은『라체르바』라는 매체를 통해 피렌체에도 아방가르드가 있다는 사실을 알리고 싶어했다. 한마디로 우리도 시대에 뒤떨어진 짓만 하는 게 아니라는 선언을 공개적으로 하려고 했다. 이들의 목적은 여

파피니(Giovanni Papini, 좌)와 소피치(Ardengo Soffici, 우), 1906.

1921년 볼로냐에서 열린 미래주의 전시회.

러모로 마리네티 일파의 의도와 공통되는 부분이 많았다. 이들 역시 피
렌체에 대한 일반적인 이미지를 거부하고자 했다. 피렌체는 죽어 버린
과거의 도시가 아니라 살아 생동하는 미래의 도시라는 걸 과시하면서
국제무대에서 어깨를 나란히 하고 싶었던 것이다.

　　이 당시 이탈리아 예술가들은 순례자가 성지순례를 떠나듯 프랑스
파리를 다녀오곤 했는데, 이들은 여기에서 마리네티가 주도한 이탈리아
미래주의의 전시회를 목격하게 되었다. 이 사건은 이들에게 이탈리아
아방가르드 예술운동의 가능성을 확인시켜 주는 일이었지만, 지금 와서
보면 상당히 아이러니한 일이라고 할 수 있을 것이다. 정작 이탈리아의
아방가르드 예술을 이탈리아가 아니라 프랑스 파리에서 발견한 셈이니
말이다. 어떻게 보면 이런 상황이야말로 이탈리아 아방가르드 예술의
운명을 보여 주는 징후일지도 모르겠다.

예술의 도시라고 할 파리에서 중앙무대를 장악하고 있는 듯이 보였던 이탈리아 미래주의 전시회는 프랑스 예술에서 발견할 수 없었던 어떤 에너지를 느낄 수 있도록 했고, 이탈리아에 대한 새로운 이미지를 보여 주는 것처럼 보였다. 이 전시회를 본 소피치는 『라 보체』에 "누가 이 전시회를 진지하게 취급했을까? 아무도 없었다. 그러나 확실히 이 전시회는 보수주의와 아카데미에 매몰되어 죽어 버린 이탈리아라는 전설적 진리를 깨뜨려 버렸다"고 썼다. 여기에서 흥미로운 것은 소피치가 미래주의라는 예술운동을 "죽어 버린 이탈리아의 갱신"이라는 측면에서 재조명하고 있다는 사실이다. 그러니까 미래주의라는 예술운동을 이탈리아의 갱신이라는 정치적 프로젝트와 동일시하고 있는 것이다. 이들에게 아방가르드는 답답한 이탈리아의 현재를 타파할 수 있는 탈출구처럼 보였고 미래파는 역사의 운명과 싸우는 영웅적 구원자처럼 비쳤던 셈이다.

소피치는 파리에서 미래주의 전시회를 보고 미래주의야말로 이탈리아 아방가르드 예술운동의 스타일이라는 사실을 믿어 의심치 않게 되었다. 미래주의를 발견한 뒤 소피치는 『라 보체』와 거리를 두려고 한다. 그는 『라 보체』보다 더 과격하고 도발적인 스타일을 추구해야 한다고 생각했던 것이다. 그래서 소피치는 파피니와 함께 『라체르바』라는 예술 잡지를 창간했는데, 이런 행위는 다분히 파리에서 보았던 미래주의 전시회로부터 깊은 인상을 받았기에 가능한 일이었다. 마침내 소피치는 밀라노의 마리네티를 피렌체로 불러 미래주의 퍼포먼스를 개최했다. 공연 장소는 베르디 대극장이었다. 런던, 파리, 베를린, 밀라노, 모스크바에서 속속 미래주의 작품들이 기차로 도착해서 전시되었는데, 이런 점

무대 위에 보초니, 발라, 프라텔라, 마리네티, 카라, 루솔로가 있다. 그림은 보초니, 「밀라노에서 미래주의의 저녁」
(*Una Serata Futurista*), 1911.

에서 우리는 미래주의가 그 당시에 이미 국제주의적 성격을 띠고 있었
다는 사실을 확인할 수 있다. 『라체르바』가 후원한 이 전시회와 공연을
보기 위해 관중들이 구름 떼처럼 모여들었다. 세계에서 가장 거대한 중
세미술의 박물관인 피렌체는 갑자기 첨단의 예술작품으로 뒤덮여 버렸
다. 밀라노와 피렌체의 미래파들을 보기 위해 사람들은 베르디 극장으
로 쏟아져 들어왔다. 요즘으로 치면 유명 팝가수 공연을 방불케 하는 장
면이었다. 비비아나라는 사람은 이 광경을 다음과 같이 묘사하고 있다.

　　베르디 극장은 이미 들떠서 전율하는 관중들로 발 디딜 틈이 없었다.
　　중앙 홀과 칸막이로 나뉜 극장에 6천 명도 넘는 사람들이 멸치통조림
　　처럼 꽉 들어차 있었다. 갤러리의 한쪽은 가톨릭 수사들이 운영하는

피렌체의 기숙학교 학생들로 채워졌다. 이 관중들은 경제적 형편이 제 각각인 부르주아들은 물론, 학생들, 자유노조당, 귀족들, 언론인들, 경찰들, 행려병자들, 훌리건들로 구성되어 있었다. 이렇게 각양각색의 인간 군상들을 어떻게 한자리에 끌어 모을 수 있었는지는 영원한 미스 터리로 남을 것이다.

물론 이 극장에 모인 사람들이 모두 진지하게 미래주의 선언이 담긴 시 낭송이나 퍼포먼스를 관람했다고 보긴 어렵다. 어쩌면 이들은 처음부터 아방가르드 예술 같은 것에 별반 관심이 없었을지도 모른다. 이들은 극장 안에서 뜻 모를 아우성을 연발하면서 연신 쇳소리나 호루라기 소리를 내기도 했다. 이를 두고 비비아니는 "사슬에 묶여 자유를 열망하는 군중의 슬픈 노래"라고 했다. 미래주의가 출현할 무렵 이탈리아 사람들은 자신들의 분노를 마음껏 표출시킬 수 있는 어떤 공개적 기회를 기다리고 있었던 것인지도 모른다. 미래주의는 이런 전기에 감전된 듯 멍한 이탈리아의 열망에 스파크를 일으킨 계기가 되었다. 그러나 미래주의의 막강한 파급력을 무시할 수 없었던 피렌체의 아방가르드 예술가들이었지만, 로마의 콘스탄치 극장에서 마리네티와 함께 무대에 섰을 때 파피니는 선뜻 자신을 미래파의 일원으로 소개하지 못했다. 파피니는 미래주의를 '해방의 행위'라고 칭송했지만 미래주의를 받아들이는 순간 자신이 마리네티가 지휘하는 밀라노 군단의 말단 병사로 전락해버릴 것이라는 것을 누구보다 잘 알고 있었다. 이런 분열의 징조는 미래주의라는 예술운동 앞에 어떤 운명이 기다리고 있었을 것인지를 짐작하게 만든다. 두말할 필요도 없이, 그 운명은 바로 갈등과 배척이었다.

루이스, 「군중」(*The Crowd*), 1914~1915.

소용돌이파의 반격

미래주의의 영향은 비단 이탈리아 국내에만 한정되는 것이 아니었다. 마리네티는 전시회, 공연, 이벤트, 소논문, 광고 행사, 그리고 치밀한 언론플레이를 통해 미래주의를 전 유럽에 전파시키려고 했다. 마리네티가 세베리니에게 했던 말 중에 "선언이 곧 예술형식"이라는 것이 있다. 이 말은 정확하게 미래주의의 기본 취지를 밝혀 준다. 이들에게 센세이셔널리즘은 예술행위 자체였던 것이다. 첫번째 선언 이후 단번에 미래주의는 유럽의 유행어가 되었다. 미래주의의 영향은 이에 그치지 않고 전 세계로 확장되었는데, 미국과 브라질, 그리고 멕시코에서 미래주의는 새로운 모습을 얻게 되었다. 분노, 폭력, 새로움, 흥분 같은 말들과 동의어가 되어 버린 미래주의는 아방가르드라는 이름에 어울리지 않게 대중들의 인기를 독차지하게 되었다.

미래주의의 영향을 구체적으로 발견할 수 있는 곳은 영국과 러시아였다. 런던의 젊은 예술가들은 미래주의에 고무되어 '소용돌이파 운동'을 일으켰다. 이들은 강렬하고 독립적인 비평과 예술운동을 지향했는데, 이는 이탈리아 미래파의 이념과 실천을 영국적으로 적용한 것이었다. 1912년 최초로 미래주의 전시회가 런던 웨스트엔드에서 열렸을 때 영국 관객들은 놀라움과 공포가 뒤섞인 반응을 보였다. 이런 반응은 비슷한 시기에 있었던 후기인상파 전시회에서 보인 친근한 반응과 대조적인 것이었다. 영국 관객들은 미래파의 작품들에서 대륙 예술의 과잉된 표현들을 보고 놀라움을 금치 못했다. 경험주의와 보수주의 전통이 강했던 영국 관객들에게 미래파의 작품들은 너무 과도하게 에너지가 넘쳐흘러 부담스러울 지경이었다.

윈덤 루이스(Percy Wyndham Lewis, 1882~1957).

그러나 무엇보다도 미래파 전시회는 런던에서 동시대 이탈리아인의 존재를 알리는 사건이었고, 이와 함께 영국인들에게 불쾌하게 여겨지는 정치적 사건과 여성문제, 그리고 생디칼리스트의 파업들을 소재로 삼아 이를 대중화하기 위한 선전선동이었다. 이런 선전선동에 보수적인 영국 관객들이 불쾌감을 느낀 건 당연한 일이었을 것이다. 1910년 마리네티는 "오스카 와일드를 조롱하고 놀린 죄를 유럽의 지성들은 결코 용서하지 않을 것"이라고 기염을 토했지만 영국인들에게 이런 제스처는 아무런 감흥을 주지 못하는 해프닝에 불과했다.

그러나 모든 영국인들이 이렇게 냉담했던 건 아니다. 마리네티의 헌신적인 후원자였던 화가 크리스토퍼 네빈슨은 1914년 마리네티의 권유를 받고 「활기찬 영국미술 : 미래주의 선언」에 참여했다. 물론 이로 인해 그는 동료 화가들로부터 왕따를 당하는 고초를 겪어야 했다. 네빈슨은 미래파의 런던 전시회에서 세베리니를 만나서 그와 함께 파리를 여행했다. 거기에서 그는 보초니와 아폴리네르를 만났는데, 파리에서 목격한 미래주의의 영향은 그에게 미래주의 이념에 대한 확신을 심어 주었다. 미래주의의 이념을 적극 수용한 영국인은 네빈슨만이 아니었다. 화가이자 소설가였던 윈덤 루이스와 시인이었던 에즈라 파운드도 미래주의의 영향에서 자유롭지 못했다.

특히 윈덤 루이스는 유럽의 지적이고 심미적인 경향에 익숙했고 아나키즘과 니체의 영향 아래에서 독자적인 심미주의를 발전시켰다. 루이스가 미래주의의 영향을 받았다는 사실은 셰익스피어의 『아테네의 티몬』에 넣기 위해 그가 그린 삽화에서 확인할 수 있다. 확실히 이 그림을 놓고 보면 루이스는 미래파의 영향을 가감 없이 드러내고 있다. 물론 루이스의 그림은 미래파의 그림에 비해 훨씬 기하학적으로 안정되어 있는 느낌이

『블라스트』 표지(1914).

다. 보초니의 그림처럼 요동치는 심리적 율동이 전해 오지 않는다. 루이스와 미래파 사이에 일정한 거리가 있는 것이다. 루이스는 미래파가 근대성을 따라잡기 위해 아등바등하는 것이나 속도에 대해 애착을 보이는 것을 탐탁지 않게 생각했다. 루이스는 아무래도 보수적 영국인이었다. 영국의 정서에서 기계는 언제나 자연과 대치되는 것이고, 속도는 심미적 감수성을 좀먹는 것이었다. 루이스도 이런 문화적 뿌리에서 자유롭지 못했던 것이다. 미래주의의 영향을 받긴 했지만 루이스는 미래파의 정치적 행동을 좋아하지 않았다. 루이스에게 중요한 건 오직 개인의 세계였고 이 세계에서 완벽하게 구현할 수 있는 심미적 경지였다.

국수적 민족주의자였던 루이스는 공공연하게 북유럽의 문화폭풍으로 지중해의 미래주의 돌풍을 잠재워야 한다고 선언했다. 그는 『블라스트』라는 잡지의 창간호에서 "다시 북부의 법관이 되자"라고 주장했는

에즈라 파운드(Ezra Pound, 1885~1972).

데, 이는 미래주의에 대한 대척점을 설정하기 위한 전략적 발언이었다. 미래주의에 대한 루이스의 판단은 흥미를 자아낸다. 산업혁명의 발상지 영국의 예술가였던 루이스에게 미래파의 분위기는 근대화에 뒤처진 이탈리아의 현실을 벼락치기로 극복해 보고자 하는 조급증으로 비쳤던 셈이다. 루이스는 미래파의 성향을 일컬어 "흥분하기 쉬운 라틴 형"이라고 지칭하면서 경제적 부흥에 동요하고 있는 감상적 히스테리 환자라고 쏘아붙였다. 삶에 대한 루이스의 정의는 정신과 육체의 분리라는 이원론에 근거하고 있었다. 그에게 정신 또는 마음이라는 건 육체와 싸우는 전투 자체였다. 이런 생각은 확실히 육체를 우선시했던 미래파의 입장과 다른 것이었다. 루이스에게 육체는 정신과 대립하는 범주였고, 정신보다 낮은 차원이었다. 이런 관점에서 본다면 미래파를 지배했던 정치적 충동들은 정신적 승화의 경지로 나아가지 못한 채 갇혀 버린 욕구불만에 지나지 않게 된다. 마리네티와 보초니가 자아를 버리고 군중과 합일하려는 노력이나, 황홀경에 빠져 물질과 하나가 되려는 시도는 루이스에게 깊은 인상을 주지 못했다. 루이스에게 중요한 건 어디까지 자아 중심적인 개인이고 이런 개인이 뛰어놀 공간은 미래가 아니라 현재였다.

　　루이스와 비슷한 차원에서 미국의 시인 에즈라 파운드도 미래주의의 영향권 아래 놓여 있었다. 파운드는 루이스와 친분을 쌓으면서 소용돌이파 운동에도 가담했다. 이들은 부유한 후원자였던 케이트 레크미어가 세운 '반란예술센터'를 중심으로 활동했다. 이들은 당시에 잘 알려진 오메가 워크숍(Omega Workshop)의 블룸즈버리 예술가들과 라이벌 관계를 이루기도 했다. 비록 오래 지속되지는 못했지만 반란예술센터는 소용돌이파의 탄생에 결정적 기여를 했다. 소용돌이파라는 이름은 역동성을 강조하기 위해 차용되긴 했지만, 파운드의 말을 빌려 표현한다면, 미래주의는 속도를 강조한 것에 차이가 있을 뿐, 인상주의와 비슷한 것이었다. 소용돌이파라는 이름에서 알 수 있듯, 이들에게 중요한 건 여전히 중심이었다. 이 중심을 기준으로 형식들이 조직화되어야 한다는 것이 이들의 생각이었다. 루이스와 파운드는 미래주의의 탈중심적 경향을 정제되지 않고 피상적인 것으로 취급했다. 인상파들처럼 이들은 새로운 질서의 가능성을 중국과 일본의 예술에서 찾았다. 이들에게 정치와 미학은 분리되어야 하는 것이었고 서로 역할이 다른 범주였다. 미래파의 정치적 역동성에 동의했음에도 루이스와 파운드는 이것과 심미성의 세계를 같은 것으로 보지 않았던 것이다.

루이스와 파운드의 관계에서 알 수 있듯이 이들이 주창한 소용돌이주의는 이미지즘과 연관이 있다. 잘 알려져 있다시피 이미지즘은 영국의 철학자이자 비평가이며, 또한 시인이기도 했던 흄과 파운드가 주도했던 시 운동이다. 흄은 베르그송을 영어로 번역 소개한 사람이기도 하다. 흥미롭게도 흄은 베르그송이 "생명의 약동"이라고 부른 것을 기계문화로 연결시켰다. 흄이 칭찬한 제이컵 엡스타인의 「비둘기들」이라는 작품은 그에게 모더니즘이 무엇을 의미하는지를 적나라하게 보여 준다. 이른바 짝을 짓고 있는 암수 비둘기 한 쌍을 표현한 엡스타인의 조

제이컵 엡스타인(Jacob Epstein), 「비둘기들」(*Doves*), 1914~1915.

각은 첫눈에도 단순하고 기하학적이라는 사실을 알 수 있다. 엡스타인의 작품은 동물적 본능인 섹스를 기계운동과 동일한 것으로 간주하고 있는 것이다. 이런 생각은 기계와 기술에 대해 낭만적 태도를 유지했던 미래파들과 확연히 구분된다. 미래파들은 기술의 발달을 통해 인간해방이 도래할 것이라고 생각했지만, 흄은 기계와 설계도면이야말로 모더니즘의 최고봉이라고 보았다. 소용돌이파의 기저를 이룬 이런 생각은 확실히 뜨거운 낭만보다 냉정한 현실을 선택하는 실용주의에서 기인하는 것이라고 하겠다.

러시아 미래주의

미래주의의 영향력은 서유럽에만 국한되지 않았다. 앞서 언급했듯이 미래주의는 러시아에서도 꽃을 피웠다. 한동안 미래주의는 아방가르드와 동의어처럼 사용되었는데, 이로 인해 미래주의라는 용어는 모순을 내포할 수밖에 없었다. 그러니까 미래주의는 국제적이면서 동시에 후발 자본주의 국가 특유의 민족주의 색채를 동시에 드러낼 수밖에 없었던 것이다. 어떻게 생각해 보면 미래주의의 파급은 기차나 자동차의 발명이라는 현대적 사건이 없었다면 불가능했을 일이다. 현대문명의 속도는 이처럼 거리의 소멸을 가속화시켰고 미래주의는 이런 상황에 대한 심미적 반응이었다. 그래서 미래주의는 지리적 공간의 축소에서 초래되는 현기증을 그대로 표현하면서 동시에 내부적으로 새로운 정체성을 찾으려고 하는 민족주의적 시도를 가감 없이 드러냈다고 하겠다.

러시아 미래주의도 이런 모순을 여지없이 보여 주었다. 러시아 미래주의자들은 자신의 예술과 다른 세계의 예술이 어떻게 다른지를 증명하기 위해 러시아의 이념과 언어를 연구했다. 이런 러시아 미래주의의 경향은 이탈리아 미래주의에 대한 일방적 수용이나 대응을 불가능하게 했다. 이탈리아의 미래주의 선언이 러시아어로 번역되어 소개된 해는 1909년이었다. 1914년 마리네티가 러시아를 방문했을 때 러시아 예술가들은 이미 미래주의에 대한 여러 논의들을 신문과 잡지를 통해 활발하게 전개하고 있었다. 이런 분위기에서 마리네티는 러시아 예술가들로부터 열렬한 환영을 받았다. 이런 호응에 으쓱해진 나머지 마리네티가 러시아 정부를 비롯해서 톨스토이 같은 고전적 리얼리즘 작가들에게 비난을 쏟아 부은 건 당연지사였다. 러시아 청중들은 마리네티의 비난에 환호했지만 모두 다 그랬던 건 아니었다. 미하일 라리오노프 같은 몇몇 예술가들은 마리네티를 허풍이나 떨어대는 선동가로 간주하면서 적대감을 표시했다.

확실히 이런 적대감은 민족주의적 저항감에서 나온 것이다. 말하자면 일정하게 국제주의에 거부감을 느끼는 태도가 있었다고 볼 수 있다. 마리네티에 대항해서 이들은 전단을 만들어 뿌리기도 했는데, 내용은 러시아 민족주의를 선동하는 것이었다. 이들은 몇몇 러시아인들과 러시아에 사는 이탈리아인들이 마리네티 앞에 무릎을 꿇음으로써 자유와 영광으로 가고 있는 러시아 예술을 저버리고 아시아를 유럽에게 갖다 바치고 있다고 비난했다. 앞서 소용돌이파의 반응에서도 확인할 수

카지미르 말레비치(Kazimir S. Malevich), 「이반 클륜의 초상」(*Portrait of the Artist Ivan Kliun*), 1913.

있듯이 이런 태도는 미래주의라는 국제적 예술운동과 국수적 민족주의가 상호 충돌하는 것에 다름 아니다.

러시아 예술가들은 도시적이고 세계적인 미래주의라는 이미지에 강한 거부감을 갖고 있었다. 러시아의 예술가 집단들은 누가 먼저 첨단의 기법을 개발하거나 수입하는가에 따라서 일희일비했다. 누구보다 먼저 첨단의 자리를 선점해서 다른 예술가들에게 영향력을 발휘하는 것이 이들의 목표였다. 이런 분위기에서 러시아 예술가들은 이탈리아 미래주의의 중요성을 누구보다 높게 평가하고 있었지만, 애석하게도 반대의 경우는 전혀 그렇지 않았다. 마리네티는 러시아 예술가들이 어떤 상태에 있고 무엇을 원하는지 정확하게 알지 못했다. 러시아 사회나 문화에 대한 소박한 이해도 없었다. 당시 러시아 예술가들은 상징주의와 인상주의 이후 소강상태를 맞이했던 러시아 문화에 새바람이 불기를 원했고, 마리네티의 미래주의는 이런 열망에 응답하기 위해 호출된 대리물이었던 것이다.

그러나 바라는 것이 실제로 실현되려는 순간 사람들은 자신이 꿈꾸었던 것과 현실이 너무 다르다는 사실을 깨닫게 마련이다. 러시아의 예술가들도 예외는 아니었다. 이들이 현실에서 대면한 진짜 미래주의는 자신들이 기대했던 모습을 하고 있지 않았다. 러시아 예술가들은 상징주의와 인상주의 이후 원시적인 것과 전통적인 것, 그리고 종교적인 것과 아동미술 같은 천진난만한 상태를 좋은 것으로 보았다. 이런 경향은 도시와 노동자의 세계를 중시했던 이탈리아 미래주의의 관심과 완전히 다른 것이었다. 러시아 예술가들은 도시보다 오히려 시골 풍경을 더 좋아했다. 러시아 예술가들에게 미래주의의 도시 성향은 피상적인 수준에 머물러 있는 것처럼 느껴졌다. 이들은 기술만을 미래적인 것으로 생각하지 않았다. 그래서 러시아 예술가의 그림들은 비행기나 자동차 같은 현대문명의 기계적 발명품보다 언어에 사로잡힌 정신을 해방시키는 것에 더 관심을 가졌다. 쉽게 말하면 러시아 예술가들은 기술이 가져다줄 해방보다 내면의 해방을 더 진정한 자유로 보았던 것이다.

이렇게 러시아 미래주의는 예술 자체를 미래적인 것으로 봤다는 측면에서 이탈리아 미래주의와 구분되는 특징을 갖는다. 이런 논리에서 본다면 예술가는 곧 미래의 인간이다. 그리고 이 예술가는 국가의 갱신을 정신적인 측면에서 주도한다. 이런 견해는 나중에 스탈린이 "예술가는 영혼의 엔지니어"라고 했던 말을 연상시킨다. 예술가를 미래 소비에트의 선봉대로 봤던 것도 이런 미래주의 경향과 무관하지 않을 것이다. 물론 미래주의가 스탈린이 주도한 '사회주의 리얼리즘'과 직접적으로 연결되는 것이라고 보기는 어렵지만 상상력의 뿌리를 서로 공유하고 있다는 건 조심스럽게 추측해 볼 수 있겠다.

러시아 미래주의는 언어 질서를 파괴하기 위해 새로운 낱말을 만들고 비논리적인 문구를 마구 늘어놓았으며, 일부러 문법을 틀리게 쓰거나 유아의 말들을 시에 도입해서 언어의 혼란을 야기하고자 했다. 이들에게 언어는 고리타분한 관습과 전통의 족쇄 같은 것이었다. 이들은 기존의 책 개념을 뛰어넘기 위해서 포장지나 벽지에 시를 인쇄하거나 은박지나 천 조각으로 시집을 만들기도 했다. 이를 통해 이들이 표현하고자 했던 건 종이 위에 쓰인 글자를 통해, 언어의 배열이 아니라 특정 물질의 장식품 또는 표면에 첨가된 무늬 같은 개념으로서 언어를 인식시키는 일이었다. 이런 방식은 보이지 않는 언어를 시각 이미지로 바꿔서 보여 주는 것이기도 했다. 러시아 미래파는 니체가 말한 "언어의 감옥"을 넘어서야 진정한 인간의 창조성이 발현될 수 있다고 믿었는데, 언어 고유의 메시지 전달 기능을 넘어서서 언어 자체를 일종의 시각 이미지로 만들어 버리는 행위를 통해 예술가의 정신을 가두어 버리는 언어의 본래성을 해체할 수 있다고 생각했다.

로만 야콥슨(Roman Jakobson, 1896~1982). 러시아 출신 언어학자로서 구조주의에 강력한 영향을 끼쳤다.

언어에 대한 러시아 미래파의 관심은 당시 러시아에서 전성기를 맞았던 형식주의에 기반을 둔 문학연구, 특히 시어연구의 분위기와 무관하지 않다. 이들은 대개 오늘날 우리에게 러시아 형식주의자라고 알려진 일군의 학자들이기도 했는데, 유명한 로만 야콥슨과 보리스 에이헨바움 같은 인물들이 시어의 "낯설게 하기 효과"에 대한 연구를 진행하고 있었다. 형식주의의 시어연구에서 영향을 받은 사람이 바로 러시아 미래파의 일원인 마야코프스키였던 것을 감안한다면 러시아 미래주의와 형식주의 사이에 무엇인가 공통점이 있다는 건 충분히 짐작할 수 있다. 이처럼 학술적이면서 동시에 예술적인 문제의식을 공유하고 출현한 것이 러시아 미래파의 언어파괴실험이었고, 이런 경향은 확실히 이탈리아 미래파에서 발견하기 어려운 것이기도 했다.

러시아 미래파와 형식주의자들의 연대는 볼셰비키 혁명 이후, 새로운 국가의 문화정책을 수립하고 발전시키기 위한 일련의 조치에 깊은 영향을 미쳤다. 물론 이런 행복한 시간은 스탈린의 출현으로 막을 내리

파시즘에 열광하는 군중. 파시즘은 군중의 욕망을 먹고 자라는 불가사리이다. 빌헬름 라이히 같은 정신분석학자는
『파시즘의 대중심리』라는 책에서, 파시즘을 가능하게 만든 화학적 결합의 요소들로 성의 억압, 완고한 가부장제 사회,
그리고 보수적이고 우파적인 이데올로기를 꼽았다.

게 되었지만, 일시적으로 이들이 정치와 예술의 결합이라는 유토피아
환상을 현실화할 수 있다는 희망에 들떠 있었던 건 부정할 수 없는 일이
다. 흥미롭게도 파시즘과 제휴함으로써 예술의 이상을 현실에서 구현하
고자 했던 마리네티와 동일한 맥락에서 러시아 미래파도 볼셰비키를 통
해 이런 유토피아의 실현 가능성을 확신했다. 그러나 이들은 곧 정치권
력과 예술가는 공존할 수 없는 존재들이라는 사실을 깊이 깨달아야 했
다. 예술의 정치성은 이들이 생각했던 것처럼 미학의 정치성을 직접적
으로 현실에 적용한다고 해서 구현할 수 있는 것이 아니었던 것이다.

벤야민의 미래주의 비판

미래주의에 대한 부정적 인식은 벤야민의 비판에서 유래했다. 미래주의를 파시즘과 연결해서 비판한 벤야민의 논의는 「기술복제시대의 예술작품」이라는 논문에서 처음으로 등장했다. 벤야민은 이 논문의 '후기'에서 미래주의를 비판하는데, 이런 벤야민의 비판 이후에, "미래주의는 파시스트 미학"이라는 명제가 일종의 상식처럼 통하게 되었다. 벤야민이 보기에 미래주의는 "예술을 위한 예술", 다시 말해서 예술지상주의의 폐해가 극단에 이른 징후다. 벤야민은 "호머의 시대에 올림포스 신들의 관찰대상이었던 인류가 이제 스스로 신이 되었다"고 말하면서 미래주의를 비판한다. 이 진술에서 우리는 벤야민이 무엇 때문에 미래주의를 공격하는 건지 감을 잡을 수가 있다. 학자들에 따라서 벤야민의 미래주의 비판이 다소 지엽적인 것이라고 보기도 한다. 「기술복제시대의 예술작품」이라는 논문의 흐름이나 구조를 따져 보면 이 '후기'가 본문을 쓰고 난 뒤에 어떤 특정한 목적 때문에 첨가되었다는 느낌을 받기 때문이다. 그러나 미래파에 대한 벤야민의 진술을 자세히 읽어 보면, 이런 비판이 생뚱맞게 제기된 것이 아니라는 걸 알 수 있다. 미래주의에서 벤야민이 문제시하고 있는 건 "예술의 청산을 최고의 심미적 쾌락으로 경험하는" 그 행위에 있다. 여기에서 벤야민은 예술의 자율성을 옹호하는 것이라고 할 수 있다. 벤야민의 논리에 따르자면, 예술의 자율성이야말로 '아우라'를 만들어 내는 원천인 셈인데, 미래파는 이런 예술의 아우라에 담겨 있는 긍정적 요소를 인정하지 않고 있다는 게 벤야민의 주장이다. 이런 관점에서 벤야민은 파시즘과 예술지상주의의 관계를 다음과 같이 서술한다.

점차적으로 프롤레타리아로 전락하는 근대인과 이에 따른 군중의 출현은 동일한 과정의 두 측면이다. 파시즘은 프롤레타리아들이 폐지하려고 하는 소유관계를 그대로 둔 채 새롭게 프롤레타리아가 된 군중들을 조직하려고 한다. 파시즘은 군중의 표현에서 (이들의 권리를 찾게 하는 것이 아니라) 구원을 찾고자 한다. 군중은 소유관계를 변화시킬 권리를 갖고 있지만 파시즘은 이런 관계를 변함없이 유지하게 만드는 표현을 군중에게 부여하고자 한다. 파시즘의 논리적 귀결은 정치적 삶을 심미화하는 것이다.

상당히 난해한 말이지만, 차근차근 그 의미를 짚어 보도록 하자. 벤야민의 요지는, 파시즘은 군중의 힘을 이용하지만 궁극적으로 군중은 파시즘을 통해 자신의 권리를 찾을 수 없다는 것이다. 그리고 파시즘은 정치를 아름답게 포장함으로써, 아니 정치적 삶이야말로 아름다움이라는 환상을 만들어 냄으로써 군중의 마음을 움직인다. "하일, 히틀러!"를 외치면서 행진하는 군중의 모습 자체가 아름다움이라고 주장하는 게 파시즘 미학의 핵심이다.

이렇게 파시즘과 미래주의를 함께 엮은 뒤에 벤야민은 에티오피아 식민 전쟁에 대한 마리네티의 글을 인용한다. 이 글에서 마리네티는 "기계에 대한 인간의 지배를 보여 주기 때문에 전쟁은 아름답다"고 선언한다. 벤야민은 전쟁에 대한 찬양을 "삶을 심미화"하는 파시즘의 문화전략과 같은 맥락에 놓으면서(전쟁 역시 집단적 폭력성이 표현되는 것이기에), 이를 일러 "예술을 위한 예술이 완성된 것"이라고 분석한다. 무엇 때문에 벤야민은 이런 말을 하는 것일까?

벤야민에게 파시즘과 미래주의의 밀월관계는 니체의 디오니소스적 열정을 잘못 받아들이고 있기 때문에 가능하다. 파시즘은 정치적으로 국가장치를 전쟁의 도구로 사용하는데, 미래주의가 이에 대한 미학적 정당성을 부여해 주는 식으로 이 관계는 유지된다. 미래주의가 표현하는 군중행렬, 대규모 집회, 운동경기, 기계찬양, 전쟁 같은 것들이 군중의 표현을 파시즘에 묶어 둔다는 말이다. 이런 맥락에서 파시즘은 "전쟁이야말로 기술을 통해 변화된 인식의 감각에 예술적 만족을 제공"한다고 주장할 수 있다는 것이 벤야민의 생각이다.

발터 벤야민(Walter Benjamin, 1892~ 1940). 유태계 독일 문예학자인 그는 최초로 미래주의를 파시즘과 관련해서 비판한 비평가였다.

요즘 들어 이런 벤야민의 비판에 대한 반론도 만만찮다. 캐럴라인 티스달과 안젤로 보촐라 같은 이들은, 벤야민이 비판하는 폭력과 정치의 심미화를 미래주의의 전매특허로 보기 어렵다는 주장을 펼친다. 또한 이들은 미래주의가 파시즘에게 한 번도 공식적인 예술로 인준받은 적이 없다고 반론을 제기한다. 오히려 파시즘은 고전주의적 예술에 대한 취향을 보였는데, 이것이 마리네티를 위시한 미래파의 반전통주의와 어울릴 수 없다는 것이다.

벤야민은 "전쟁의 파괴성은, 사회가 기술을 사회의 유기적 일부로 병합할 만큼 충분히 성숙하지 못했으며, 또 기술이 사회의 근원적 에너지를 감당할 수 있을 만큼 충분히 발달하지 못했다는 증거"라고 말했는데, 이런 언급은 공상적 사회주의자 샤를 푸리에의 역사관을 떠올리게 한다. 물론 이런 역사관을 떠받치고 있는 토대는 목적론적 진화주의다. 말하자면, 역사 진행과정은 하나의 목적을 위해 진화해 갈 수밖에 없는 필연성을 갖는다는 게 푸리에 같은 사상가의 생각이었다. 벤야민은 이런 관점에서 "자연을 착취의 대상으로만 보는 기술결정주의보다 푸리에의 터무니없는 환상이 훨씬 건전한 것"이라고 말했다. 벤야민의 입장에서 본다면, 미래주의는 기술결정주의의 미학적 변종 정도로 비쳤을지도 모른다.

어쨌든 이런 미래주의에 대한 벤야민의 비판은 파시즘과 미학의 관계를 바라보는 서구 지식인들의 입장에 깊은 영향을 끼쳤다. 게다가 2차 세계대전 이후, 미래파는 친파시즘 전력으로 인해 자유주의 진영에서도 크게 환영받을 수 없는 처지가 되었는데, 이때 미래주의에 대한 벤야민의 분석은 예술지상주의가 어떻게 파시즘과 짝짜꿍을 맞출 수 있는지에 대한 다양한 연구들을 낳았다. 파시즘을 정치학의 관점이 아니라 미학의 관점에서 연구하고자 하는 경향은 이와 같은 벤야민의 분석에 크게 힘입은 것이다. 주로 이런 연구는 문화연구나 미술사, 그리고 문학연구 분야에서 인기 있다. 이런 연구는 최근 파시즘의 미학에 대한 관심을 넘어서서 예술과 미학 자체에 숨어 있는 파시즘의 요소를 찾아내는 경향으로 발전하고 있다.

The Manifesto's Legacy

「미래주의 선언」의 유산

미래주의와 미래파는 더 이상 존재하지 않지만, 미래주의적인 것이라고 불릴 만한 것들은 우리 주변에 아주 많다. 대체로 20세기는 기계문명이 고도로 발달한 시대라고 정의할 수 있는데, 기계문명의 발달로 인간소외가 초래되었고, 이를 극복하기 위해 예술이 필요하다는 논리가 이런 시대의 특징에 맞춰 등장하게 되었다. 이런 생각은 전형적인 모더니즘의 논리에 근거하고 있다.

T. J. 클라크는 모더니즘을 사회주의 기획과 동격으로 놓았다. 다시 말해 모더니즘이라는 미적 기획이 근대로 인해 초래된 다양한 사회적 모순을 해결하기 위한 집단적 노력이었다는 것이다. 어쨌든 현대사회가 우리에게 제공한 추상적 사고와 생활의 합리화는 인간성의 소외를 야기했다는 것이 일반상식이다. 여기에서 인간성의 소외라는 말은 인간이면서 인간답다는 것에 대한 성찰을 가질 시간이 없다는 것을 뜻한다. 다람쥐 쳇바퀴 돌 듯하는 생활에 묻혀 내가 누구인지, 우리는 왜 사는지 따위에 대해 질문할 여유가 없다. 게다가 합리화라는 건 모든 것을 수치와 시각적인 것으로 환원시켜서 생각하는 디지털 방식을 뜻한다.

디지털이란 건 정말 합리화의 극치라고 볼 수가 있는데, 이런 디지털 방식은 0과 1이라는 숫자 사이에 존재하는 가능성을 '없는 것'으로 간주하는 습관을 현대인들에게 심어 준다. 그러니까 백화점에서 레스토랑으로 이동하는 A씨를 생각해 보라. 자가운전자라면 그는 밀폐된 차에서 자기만의 음악이나 라디오 방송을 들으며 목적지로 이동할 것이다. 그에게 특정 장소로 이동하기 위해 운전대를 잡은 그 시간은 사실 존재할 필요가 없는 시간이다. 그는 바깥 풍경을 즐기거나 어슬렁거리면서 풍물을 구경할 까닭이 전혀 없다. 디지털 방식을 비판하는 사람들은 대체로 이런 삶을 무미건조하고 비인간 적인 것이라고 생각하기 마련이다. 이 런 생각에 대해 옳다거나 그르다고 판 단하는 일은 각자의 몫이다. 다만 우리 가 왜 이런 방식을 비인간적인 것이라 고 생각하게 된 것인지를 알아보는 것 이 훨씬 흥미롭다.

T. J. 클라크(Clark, 1943~). 영국 브리스틀에서 태어나서 미국에서 활동하고 있는 미술사학자. 청년 시절 상황주의자 그룹에 활발하게 참여했고, 맑스주의 미술비평으로 명성을 날리고 있다.

　　기술과 예술을 대치시키고 후자를 더 나은 것으로 받아들이게 만든 주요 인물들은 19세기 예술가들이었다. 물 론 이들에게 영향을 끼친 세력은 낭만주의자들이었다. 낭만주의자들은 산업사회에 대항해서 세속의 논리가 이해할 수 없는 신비의 영역을 만 들어 내고자 했다. 이런 정신을 이어받아 영국의 러스킨과 윌리엄 모리 스는 염세주의적 입장에서 예술을 인간 존재의 비극을 표현하는 '거울' 로 봤다. 이들에게 예술은 산업사회의 오염을 피해 순수한 자연의 본질 을 그려 내는 행위였다. 그러나 이런 문제의식은 20세기를 넘어오면서 더 이상 유지되기 힘들었다. 세상은 더욱 기술의 발전을 경험했고, 좀처 럼 사람들은 기술보다 예술이 낫다는 주장에 귀를 기울이지 않았기 때 문이다. 세상은 이들이 예상했던 것보다 더 세속적으로 타락해 버렸다.

　　20세기 초에 예술의 문제는 과학기술과 관련해서 다양하게 논의되 었는데, 화이트헤드는 과학기술을 일컬어, 무미건조한 분석을 통해 자 연의 유기적 구조로부터 추상적 관계만을 추출해 내는 것에 불과하다고 주장했다. 한마디로 살아 있는 생명체를 파악할 능력이 과학기술에 없

윌리엄 모리스(William Morris, 1834~1896). 영국의 작가이자 화가. 대표적인 영국의 사회주의자로서, 수공예조합 운동을 주도했다. 유토피아소설을 쓰기도 했고, 독특한 벽지 디자인을 개발했다. 오른쪽은 모리스의 벽지 디자인.

다는 뜻이다. 이런 과학기술의 지배는 인간생활의 전체적 조화와 발전에 부정적인 영향을 끼쳐 병증을 초래한다고 보았다. 당연히 예술이 이런 병증을 치료할 처방으로 호출되었다.

미래파는 이런 예술의 효용성을 부정하지 않는다. 그러나 이들은 화이트헤드처럼 과학기술 자체에 대해 부정적이었던 것이 아니다. 오히려 미래파들은 루이스 멈포드처럼 일시적으로 과학기술이 인간화와 대립하지만, 나중에 예술을 통해 새롭게 인간화될 수 있을 것이라고 생각했다. 이른바 과학기술 발전의 네 단계, 기계화가 진행되면 될수록 인간 사회는 무질서해질 것이라는 것이 멈포드의 예견이었는데, 이런 생각은 오늘날의 상황에 그렇게 들어맞는다고 할 수 없다. 그러나 여기에서 주목할 사실은 멈포드가 예술을 과학기술의 인간화를 이루어 낼 동력으로 봤다는 것이다.

미래주의는 이런 전제 위에서 가능했다. 미래주의가 말하는 예술의 '상징'은 과학기술의 '기능'과 조화를 이루어서 현재의 분열 상태를 극복하고, 인간성으로 충만한 균형과 화합을 회복하는 것이었다. 벤야민은 미래파를 기술결정주의라고 비판했지만, 이 대목만 보면 미래파의 주장은 푸리에의 사상을 연상시키는 구석이 있다. 푸리에는 과학기술이 발전하면 인간도 우주만물의 리듬을 파악하고 호흡을 같이할 수 있는 경지에 오를 수 있을 것이라고 보

루이스 멈포드(Lewis Mumford, 1895~1990).

았다. 요즘 생각하면 확실히 황당한 생각이지만, 당시로 보면 불가능한 상상도 아니었다. 과학기술은 신의 창조원리에 대한 탐구로 받아들여졌기 때문이다. 이런 생각은 현대의 혼란은 표면적 현상에 불과하기에 그 아래에 면면히 흐르고 있는 통일성을 추구하는 새로운 경향을 발견한다면 미래에 대한 비전을 얻을 수 있을 것이라는 믿음에 근거한다.

물론 이런 생각을 미래파만 갖고 있었던 것이 아니다. 미래파 이외에도 이런 생각들은 영미 미학사상에서 쉽게 발견할 수가 있다. 미래파는 헤르만 민코프스키의 4차원 세계를 수용해서 시간을 입체적으로 파악했다는 점에서 다른 미학사조와 다르다. 이런 관점에서 미래파는 입체파의 정적 이미지를 혁신해서 자신들의 예술세계를 창조했는데, 입체파와 달리 대상과 환경을 역동적인 상태로 파악하고 빛과 공간이 하나의 몸체를 이루는 것으로 파악했다는 측면에서 특이한 성취를 이루었다고 볼 수 있다. 한마디로 미래파는 대상과 환경을 분리시켜 대상의 보이

안토니오 산텔리아(Antonio Sant' Elia, 1888
~1916). 1912년 밀라노에서 미래파 운동에
가담했으나, 1차 세계대전이 일어나자 자진
입대해서 전투 중 사망했다. 초기에 「새로운
도시」라는 상상력 넘치는 설계도를 작성해서
발표했는데, 이때 그려진 산텔리아의 설계도
는 리들리 스콧의 영화 「블레이드 러너」에서
타이렐 본사 건물 모습으로 차용되었다.

지 않는 부분까지도 표현하고자 했던 입체파에
서 한발 더 나아가 환경까지도 표현 대상의 일부
로 봤던 것이다. 이를 통해 이들이 표현하려고
했던 건 우주적 역동성(cosmic dynamism)이었
다. 쉽게 말해서 운동체와 공간의 상호관련을 포
착하고자 했던 것이다. 이런 까닭에 미래파에게
역동성은 '선의 힘'으로 드러난다. 힘을 표현하
는 선은 필연적으로 폭력적인 색채와 빠르게 미
끄러지는 사선, 그리고 예각과 나선형을 수반한
다. 당연히 이런 그림의 대상은 주로 무용가, 달
리는 말, 자동차, 기관차, 그리고 특히 즐겨 다뤄
진 비행기였다. 아예 미래파는 자신들의 비행기
그림을 '항공 그림'(aeropittura)이라고 불렀다.
이런 역동성의 표현이 회화에만 국한된 건 아니다. 조각에서도 미래파
다운 구성이 등장했는데, 조각의 형체에서 한계를 규정하지 않고 시간
의 흐름에 따라 주위 공간과 상호 작용하는 역동성이 표현되었다.

　　미래파의 특징은 건축에서도 두드러진다. 물론 구상 단계에서 완
성을 보지 못하고 끝나긴 했지만, 산텔리아의 미래 도시는 승강기를 건
물 안이 아니라 건물 밖에 둠으로써 공간의 이동에 따른 역동성을 표현
했다. 이런 설계는 오늘날 우리가 너무도 쉽게 접할 수 있는 것이기도
하다. 승강기가 상승함에 따라 승객들이 서로 다른 공간감을 역동적으
로 느끼게 되는 것을 상상해 보면 설계가의 의도를 이해할 수 있을 것이
다. 이런 미래파의 특징은 형이상회화(Pittura Metafisica), 네오레알리

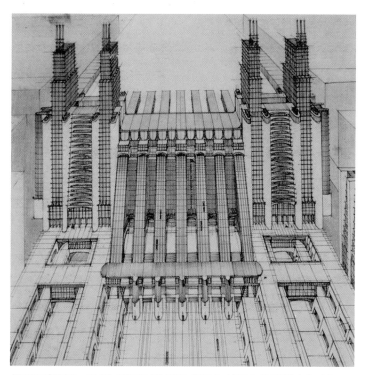

"새로운 도시"(Città Nuova)를 위한 산텔리아의 건물 투시도. 산텔리아는 "미래주의 건축의 장식 가치는 날것으로 노골적이며 폭력적으로 드러나는 재료의 색감을 사용하는 것"이라고 말했는데, 이런 원칙에 맞춰 대담한 면의 배합과 배치를 건물설계에 도입했다

즘(neorealism), 신고전주의로 계승되었다. 공식적으로 미래주의 운동은 1914년과 1915년 사이에 거의 종료된 것으로 받아들여지고 있다. 그러나 1988년 미국의 시카고에서 신미래주의(Neo-Futurism) 스타일이 출현함으로써 미래주의 리바이벌이 본궤도에 오르게 되었다. 이런 활동은 이후 뉴욕으로 번져서 속도와 간결성을 강조하는 미래주의적 특징을 계속 이어가고 있다.

뉴욕에 거점을 두고 있는 신미래파의 퍼포먼스. 신미래주의는 1988년 그렉 앨런(Greg Allen)이 시작한 실험극 운동
으로서 이탈리아 미래파가 주창한 솔직함, 속도, 간결함의 미학을 실천하는 것을 모토로 삼고 있다.

　　미래파에게 예술은 기술과 조화되지 않는 것이 아니라 기술을 더
높은 상급의 상태, 그러니까 우주의 역동적 운동을 체현하도록 만들 수
있는 무엇이었다. 리들리 스콧의 「블레이드 러너」에 나오는 타이렐은
이런 미래파의 이념을 표현하는 인물일지도 모른다. 그는 기술과 예술
을 조화시켜서 "인간보다 더 인간다운" 사이보그를 만들어 냈기 때문이
다. 일단 만들어진 사이보그는 그 창조자의 말을 듣지 않는 자율성을 갖
는다. 이른바 기계에 영혼이 깃드는 것이다. 기술과 예술이 하나가 되는
경지에서 사이보그는 지구로 귀환해서 아버지를 찾는다. 이런 맥락에서
「블레이드 러너」는 미래주의 영화라고 볼 수 있다.

　　미래주의라는 용어는 많은 것을 의미할 수 있다. 미래주의가 갖는
함의는 현존하는 것을 넘어선 과학기술의 진보에 대한 상상력이다. 따
라서 공상과학소설은 그 장르의 속성상 미래주의적이라고 볼 수 있다.
「스타워즈」에 등장하는 장대한 행성의 도시 풍경이나 「스타트랙」이 보

「블레이드 러너」에 나오는 타이렐 사 건물. 산텔리아의 설계도에서 영향을 받았다.

여 주는 각종 희귀한 기기들과 우주인들도 모두 이런 미래주의 상상력의 산물이다. 미래주의 상상력에서 중요한 건 인간과 기계가 일체를 이룬다는 사실이다. 이는 필연적으로 과학기술을 통한 정신과 육체의 변환을 의미한다. 기계를 통해 인간은 평등을 이룰 수 있다는 믿음이 미래주의 상상력에 숨어 있다. 기술의 선진성을 남보다 앞서 체험하는 것이 삶의 질을 결정한다고 생각한다는 측면에서 어떻게 보면, 요즘 목격할 수 있는 '얼리어답터 신드롬'(early adopter syndrome)도 이런 미래주의의 미의식과 관련이 있다고 하겠다.

그 이념적 차원은 아니라고 할지라도, 미래주의의 분위기는 대중문화 현상에서도 쉽게 발견할 수 있다. 미래주의는 세련된 광고나 자동차 디자인에서도 확인할 수 있다. 조금 황당한 얘기일 수도 있겠지만, '레이싱걸'도 이런 미래주의 상상력과 무관한 것이 아니다. 미끈하게 빠진 신형 스포츠카와 늘씬한 레이싱걸은 겉보기보다 더 깊은 미학적 관련성을 갖고 있다. 속도와 자동차, 그리고 섹스와 성욕을 사진술을 통

데이비드 크로넨버그 감독의 영화 「크래쉬」의 한 장면.

해 표현한다는 측면에서 레이싱걸은 미래주의 상상력의 세속 판본이라고 볼 수 있을 것이다. 물론 데이비드 크로넨버그가 감독한 「크래쉬」 같은 영화는 좀더 '예술적'으로 자동차의 속도와 섹스를 연결시킨다. '사이보그와 섹스하기' 같은 판타지는 이미 할리우드 상업영화에서 중요한 모티브로 작용했다. 『쥐라기 공원』의 작가 마이클 크라이튼이 감독하고 유명한 대머리 배우 율 브리너가 주연한 영화 「서부세계」를 보면 매음녀 사이보그가 등장하는데, 이런 설정은 사이보그와 잠자리를 같이했을 때 경험할 수 있는 쾌감에 대해 상상하도록 만든다. 물론 이런 쾌감에 대한 상상은 인간이라는 존재 자체를 돌아보게 한다는 점에서 특이한 경험을 제공한다. 이런 걸 철학적으로 반성(reflection)이라 부르는데, 이런 반성의 힘에서 미래주의는 현재를 극복하고 미래로 나아갈 전망을 획득하는 것이라고 할 수 있다.

과거·현재·미래로 나눠서 인식하는 우리의 시간관을 뒤흔들어, 모든 것을 미래의 예감으로 집중하도록 만드는 것이 미래파의 목표였다. 미래에 비추어 현실을 돌연 낯설게 만드는 것이 미래주의 상상력의 힘이다. 이는 현재라는 건 경험과 언어의 산물일 뿐이라는 사실을 깨닫게 만든다. 이를 미래주의자들은 '예언'이라고 보았다. 그러니까 미래파는 예언자 노릇을 하고 싶었던 것이다. 비록 불길한 악몽이긴 했지만, 미래파들은 이 악몽을 거부하지 않는 한에서 미래를 선취할 수 있다고 생각했다. 악몽을 두려워하지 않게 만드는 힘은 무엇일까? 바로 욕망이다.

산텔리아의 건물설계는 영웅적인 산업 표현주의라고 명명할 수 있다. 그는 고도로 산업화되고 기계화된 미래 도시를 그리고자 했다. 이런 도시는 광역화되어 있는 집합도시로서 개별 건물들이 모여 만들어 내는 복잡한 도시의 모습이 아니라, 다층적인 하나의 거대한 집합체로 통합되어 있는 모습이다.

이 욕망은 과거의 관습을 완전히 벗어났을 때 새로운 창조적 에너지를 부여한다. 마리네티와 그의 미래파들이 노린 것이 바로 여기에 있다. 과거로부터 현재를 떼어 놓기 위해 이들은 미래라는 저 먼 곳으로 고무줄을 팽팽하게 당길 수밖에 없었던 것이다. 과거와 현재의 긴장에서 승리하기 위해 이들은 기술과 섹스라는 두 가지 유물론적 지지대를 사용했다. 이 고무줄을 힘에 겨워 놓치는 순간 이들은 현재의 누구보다도 더 과거로 내동댕이쳐졌다. 미래주의가 남긴 유산은 그 시초부터 이런 비극을 예비했던 것인지도 모를 일이다.

실제로 미래파가 미래주의 기획의 실현 가능성을 항상 염두에 두었다고 보기는 어렵다. 욕망이란 건 결코 충족될 수 없는 힘이다. 미래파는 "당신의 욕망을 포기하지 말라"는 정신분석학의 정언명령에 충실했던 예술가들이었다. 말 그대로 불가능성을 시도했다는 측면에서, 자신의 이상과 이념을 실현시키겠다는 의지보다, 이를 통해 현재를 극복할 어떤 순간들을 만들어 내려고 했다는 점에서 미래파의 의의를 찾아야 할 것이다. 미래파는 낭만주의자들과 달리 이런 불가능한 시도를 군건하게 유물론의 차원에 올려놓고자 했다.

미래주의 건축을 구상한 산텔리아의 경우도 당시의 이탈리아 상황에서 자신의 설계도가 구체적으로 건설에 적용될 수 있을 것이라고 믿지는 않았다. 말하자면 산텔리아의 기획은 전쟁 때문에 중단되었다기보다, 처음부터 실현 불가능성을 전제하고 구상된 셈이다. 되지도 않을 일을 시도한 저의는 도대체 무엇일까? 산텔리아는 "새로운 건축학적 이념"을 보여 주기 위해 이런 구상을 했던 것이 아닐까? 이런 불가능한 기획을 통해 산텔리아가 드러내고 싶었던 건 유기체처럼 조화롭게 작동하는 거대도시의 구조였을 것이다. 미국의 애니메이션 「퓨처라마」나 일본의 애니메이션 「아톰」에 나오는 그 조직화된 군중의 도시야말로 산텔리아가 꿈꿨던 사회였다.

미래주의가 남긴 건 무엇보다도 혁명에 대한 열정이다. 미래파 또는 미래주의라는 말 자체에서 이 유파가 단순한 예술유파일 수 없다는 사실을 깨달을 수 있다. 이들은 예술을 통해 사회를 변화시키고자 했던

보리스 쿠스토디에프(Boris Kustodiev), 「볼셰비키」(*Bolshevik*), 1920.

예술가들이었다. 러시아 미래주의에서 이런 경향은 뚜렷하게 감지되는
데, 마야코프스키는 공산주의자와 미래주의자를 동일시하면서 다음과
같이 노래했다.

> 동무들!
> 바리케이드로!—
> 가슴과 영혼의 바리케이드로.
> 퇴각하지 않고 배수진을 치는 자만이
> 진정한 공산주의자다.
> 행진은 이제 충분하다.
> 미래로 도약하라, 미래주의자여!

또한, 이 러시아의 혁명시인은 다음과 같이 쓰기도 했다.

기관차를 만드는 것만으로는 충분하지 않다.—
바퀴를 돌려 굴러가게 하라.
기차역에서 노랫소리가 울려 퍼지지 않는다면,
전기는 대체 무엇에 쓴단 말인가?

혁명의 열의에 들뜬 이런 표현들은 미래주의와 관련된 작품이나 슬로건에서 쉽게 발견할 수 있는데, 마야코프스키가 여기에서 강조하는 건 단순한 '좌익의 행진'이 아니라 '미래로 도약'하는 것이다. 여기에서 마야코프스키는 이념과 이상에 빠진 형식미의 모더니즘을 비판하고, 예술성을 삶과 일치시키려는 강렬한 실천의 의지를 드러내고 있다. 미래파는 예술가들이 단순하게 예술의 차원에서만 아방가르드일 것이 아니라, 스스로 전위대가 되어야 한다고 역설했는데, 이 도약의 의미는 현실에 안주할 수 없는 예술의 실험성을 강조하는 것이다. 마야코프스키는 「타르 한 방울」이라는 연설에서 "특별한 그룹으로서 미래파는 죽"었지만, "홍수처럼 당신들 모두에게 흘러넘친다"고 외쳤다. 시를 쓰는 것과 "총을 쏘는 행위"를 동일시했던 이 시인에게 미래주의는 누추한 현실을 집어던진 새로운 도약의 요청이었다.

미래파가 갈망했던 '혁명'을 구체적인 정치체제의 도래를 위한 정치행동으로 단순화시키기는 어렵다. 파시즘이라는 어두운 그림자가 있지만, 미래파 자체를 파시스트 예술가 집단이라고 단죄하는 건 적절하지 못하다. 미래파에게 '미래'는 시간이라는 철의 법칙을 위반하는 행

건축기사 에펠(Alexandre Gustave Eiffel)이 1887년에 공사를 시작해서 1889년에 완공한 에펠탑은 처음에 프랑스 혁명 백주년을 기념하기 위한 박람회 입구로 설계되었다. 이 탑이 완성되자 파리 시민들은 경악했고 수많은 비판이 쏟아졌다. 골격이 앙상하게 드러난 에펠탑의 외관이 너무 추하다는 게 비판의 요지였다. 그러나 교량건설 경험이 풍부했던 에펠은 이 탑을 설계하면서 '바람 저항'에 가장 역점을 두었다고 말했다. 에펠은 이 탑을 '예술품'이라기보다 최첨단 건축공학을 적용시킨 '건축물'로 생각했던 것이다.

위였다. 이런 시도는 근본적으로 불가능한 일이었다. 그러나 미래파는 기술과 기계의 발전에서 이런 가능성을 발견했다. 재즈가수 빌리 홀리데이는 죽었지만, 우리는 소리를 전달하는 기계장치를 통해 그의 노래를 들을 수 있다. 미래파에게 기술은 이런 순간을 만들어 낼 수 있는 조건이었다. 이런 관점에서 미래파는 기술과 예술, 기계와 예술창작의 관계를 하나의 문제로 인식했던 개척자들이라고 할 수 있다. 이와 같은 미래파의 문제의식은 여전히 서구의 지적 흐름에서 효력을 발휘하고 있다. 프랑스의 비평가 롤랑 바르트가 "참으로, 철은 인간에게 새로운 이미지, 서로를 밀어 올리는 추력(推力)의 이미지와 소통할 수 있는 길을 열어 준다"고 에펠탑을 평했을 때, 우리는 미래파의 유산이 오늘날 무엇을 의미하는지를 짐작할 수 있다. 이처럼 기술은 새로운 이미지를 만들어 내는 것과 동시에 이 새로움을 이해할 소통의 패러다임을 제공하는 것이라고 하겠다.

예술과 과학, 문학과 이론, 개별 장르와 미디어가 서로 통합되거나 경계가 흐려지는 오늘날, 미래파가 남긴 예술적 유산들은 상당히 선구적인 통찰들을 제공한다. 물론 이런 통찰들은 미래파와 미래주의에 씌워져 있는 선입견과 미래주의 내에 견고하게 똬리 틀고 있는 기술문명에 대한 환상들을 털어 내야 유용한 쓸모를 갖게 될 것이다. 이런 맥락에서 미래주의는 기술과 기계를 예술에 적대적인 존재로만 바라보는 또 다른 편향에 대해 균형추 노릇을 할 수 있는 잠재성을 갖고 있는 것이라고 할 수 있겠다.

Aftermath

여파

미래파 또는 미래주의 운동은 다른 맥락에서 본다면 미학을 정치로 바꿔치기하는 일이기도 했다. 물론 미래파가 미학적 이상을 견지하고 이를 기준으로 세속의 문제를 마음대로 재단한 건 아니다. 그리고 겉으로 봤을 때, 오히려 유물론의 차원에서 고전주의나 낭만주의의 이상주의 미학을 공격한 측면도 있다. 그러나 이들이 추구했던 게 현실의 시간을 초극한 심미적 순간이었다는 점에서 이들 또한 미학적 순수성을 최고의 정치성으로 간주했다는 혐의에서 자유롭지 못할 것이다.

이처럼 미학을 정치로 바꿔치기한다는 건 미학을 기준으로 정치성을 판단한다는 말이다. 이런 것을 엘리트주의라고 부를 수 있는데, 말하자면 현실의 정치를 우습게 여기고 그와 다른 차원에 '진정한 정치'가 있다고 생각하는 태도다. 이런 관점에서 미래파들은 세속을 혐오했다고 볼 수 있고, 또한 이런 미래파의 현실인식은 상당히 종교적이었다고 할 수 있다. 그러나 이들에게 종교가 아름다웠을 리가 없다. 종교도 세속과 한통속처럼 보였을 뿐이다. 이들의 목표는 이 모든 것과 깨끗하게 결별하는 것이었다. 그렇다고 종교적 구원에 매달리기에 너무 영악했던 이들이 할 수 있는 일은 나서서 이 모든 것을 때려 부수는 일이었다.

자기 주변을 둘러싼 모든 것, 아니 자기 자신까지도 포함한 파괴다. 이런 정서가 미래파들에게 와서야 비로소 출현했던 건 아니다. 미래파 운동이 출현하기 훨씬 전부터 유럽은 19세기와 단절하기 위한 문화운동의 소용돌이에 휘말려 있었다. 과거의 찌꺼기를 청소해 버려야만 새로운 삶을 얻을 수 있다는 이런 강박은 미래파가 역사의 지평에 혜성처럼 등장할 수 있는 조건을 마련해 주는 것이기도 했다. 새로운 의미를 위해서, 아니 새로운 것을 만들어 내기 위해 필요한 건, 모든 것을 제로로 돌리는 파괴다. 이 파괴는 현재를 과거의 전통으로부터 단절시키는 것이다. 말하자면, 이렇게 과거로부터 현재를 분리해 내려고 하는 열망이 타오르던 시대야말로 미래파의 정신을 자라나게 만든 매트릭스였다. 이런 열망의 화염 속에서 탄생한 미래파의 미학은 파괴와 창조라는 근대성의 모순을 온전하게 드러내는 증상이라고 볼 수 있고, 이런 증상은 미래파라는 특정한 예술집단이 소멸된 지금에도 여전히 여진을 남기고 있다.

마리네티는 그의 유명한 책 『장 툼 툼』(Zang Tumb Tumb, 1914)에서 타이포그래피 실험을 시도한다. 이 책은 전쟁에서 영감을 받았는데, 표지는 고성능 폭탄의 충격파와 날아가는 비행기의 형태에 기반을 두고 있다.

　　근대문명이 낳은 역동성, 속도, 기계의 힘, 활력은 미래주의한테 찬양의 대상이었다. 휴식 없이 부단하게 움직이는 삶이야말로 진정한 인간의 도리였다. 요즘 유행하는 말로 하자면, '유목민의 삶'을 이들은 일찌감치 내세웠다. 앞서 언급했듯이 미래주의라는 말은 마리네티가 1909년 프랑스 신문 『르 피가로』에 실은 「미래주의 선언」에서 처음으로 등장했다. 이 선언에서 마리네티는 자동차를 만들어 낸 신기술과 속도의 아름다움을 찬양한다. 한마디로 마리네티가 주창한 미래주의는 속도라는 말로 요약할 수 있다. 속도는 과거와 현실의 중력을 잊게 만든다. 질주는 언제나 기쁨을 준다. 이렇게 속도미의 쾌감에 초점을 맞춘 것이 마리네티의 미학이었다.

질 들뢰즈(Gilles Deleuze, 1925~1995).

마리네티에게 미래주의는 단순한 예술이념이 아니었다. 그에게 미래주의라는 건 혁신을 위한 정치적 힘이었다. 마리네티는 미래주의를 전체 혁명의 부분을 담당하는 혁명적인 예술실천으로 봤다. 문학예술과 혁명의 관계를 톱니바퀴처럼 맞물린 것으로 봤던 레닌의 말을 연상시키는 대목이다. 여하튼 마리네티는 미의 혁명이 전체적인 사회봉기와 연결되어야지만 가능한 것이라고 주장했다. 그래서 그는 군중과 산업노동자들, 정치적 선동과 파업을 지지했다. 여기까지 보면 마리네티는 당대의 사회주의자들과 다를 게 없어 보인다. 그러나 파괴적이고 창조적인 무정부적 폭력행위들만이 이러한 혁명을 가능하게 할 수 있다고 생각한다는 측면에서 그는 맑스주의적 사회주의자들과 달랐다. 그에게 중요한 건 목적 없이 파괴와 창조 자체에 매달리는 실험적 아나키즘이었다.

이런 맥락에서 미래주의의 미적 실천은 정치사회영역의 근원적 전환과 밀접하게 연관되어야만 했다. 이는 결국 예술과 삶을 동일한 것으로 받아들이고, 미적 혁신과 현실의 진보를 같은 것으로 생각하는 일이었다. 확실히 이런 생각은 프랑스의 철학자 질 들뢰즈와 펠릭스 가타리의 '도주' 또는 '탈주'를 연상시킨다. 들뢰즈와 가타리가 주장한 도주선은 예술과 정치학의 문제를 내포하고 있다. 도주선을 놓고 들뢰즈와 가타리는 알쏭달쏭한 말을 늘어놓는데, 예를 들어서 이런 식이다. "K(K-기능)는 도주선 또는 모든 배치를 휩쓸어 가버릴 뿐만 아니라 모든 종류의 재영토화와 잉여를 맞닥뜨리게 하는 탈영토화이다." 이런 진술을 놓고 보면, 도주선은 탈영토화인 셈이다. 여기에서 K는 카프카의 소설에 나오는 주인공 이름인데, 들뢰즈와 가타리는 카프카의 소설을 갖고 도주선의 개념을 설명하고 있다.

이 말을 좀더 쉽게 풀어보면 이렇다. 들뢰즈와 가타리는 "욕망의 기계적 배치"라는 말을 하는데, 여기에서 배치는 선으로 구성되어 있다. 이들의 말에 따르면 욕망은 고정되어 있는 것이 아니라 "흐르는 것"이다. 이런 욕망의 흐름이 서로 교차하면서 "기계적 배치"를 만들어 낸다. 이런 선형적인 욕망의 흐름 중 하나가 도주선인데, 이는 가시적이고 관습적으로 사회를 나누고 있는 "굳은 선"이나 체계의 경계를 넘나들면서 이런 분할을 모호하게 만드는 "연한 선"과 구별되는 것이다. 이런 선들 중에서 도주선은 "무한한 분열증식으로 새로운 욕망의 흐름과 그 대상을 창조해 나가는 역동적 힘"을 가리킨다. 이렇게 힘 또는 욕망을 일종의 흐름으로 보았다는 측면에서, 들뢰즈와 가타리의 주장은 여러모로 미래파의 문제의식과 닮아 있다.

실험을 통한 예술의 창조적 변형이 주체성의 새로운 패러다임을 만들어 낼 수 있다고 보았다는 점에서 이들의 주장은 미학적 기획을 정치적 혁명을 위한 수단으로 생각했던 미래파와 예술관에서 일맥상통하는 것이라고 볼 수 있다. 그러나 이런 유사성이 곧 들뢰즈와 가타리가 미래파로부터 영향을 받았다는 사실을 증명하는 건 아닐 터이다. 오히려 이런 비슷한 점은 예술과 정치의 결합이라는 오랜 예술적 숙제를 해결하기 위한 부단한 실천의 역사 속에서 서로 교차하면서 나타난 것일 수도 있다.

보초니, 「사이클리스트의 역동성」(Dinamismo di un ciclista), 1913. 이 작품은 들뢰즈와 가타리가 언급하는 "우발적으로 분출하는 강밀도"를 잘 보여 준다. 여기에 그려진 사이클리스트는 형체가 아니라 근육과 정신이 합쳐져서 공기저항을 뚫고 앞으로 질주하는 '운동의 속도' 자체를 그린 것이다.

아방가르드라는 큰 틀에서 본다면, 들뢰즈와 가타리는 미래파와 교차하는 지점들을 여럿 만들어 내고 있다. 프랑스의 극작가이면서 나중에 정신병원에 수감된 앙토냉 아르토에게서 빌려온 "기관 없는 신체"라는 개념은 미래파가 추구했던 어떤 지점, 말하자면 모든 전통이 소멸되어 버린 그 순수의 상태를 지시하는 것처럼 보이기도 한다. 이들에게 영감을 준 아르토의 언어와 그림들은 육체적이고 심리적인 차원이 뒤섞이고, 색채와 단어, 그리고 소리와 형태가 서로 뒤범벅된 새로운 창조적 힘의 덩어리였다. 이 혼돈의 덩어리에서 들뢰즈와 가타리는 도주선의 가능성을 발견했다. 이 가능성이란 무엇일까? 바로 다르게 사유하고 느끼게 하는 힘이었다. 이런 과정을 통해 예술은 다른 정서(affect)와 지각

(percept)을 만들어 내는 것인데, 이런 이유로 인해 들뢰즈와 가타리는 예술을 일컬어, 변화를 위한 "정서적 체계"라고 했다.

이들에게 예술은 사회적 차원에서 "욕망하는 생산"을 드러내고, 이런 생산이 욕망을 사용해서 시공간을 조직하는 문제라는 걸 보여 주는 것이다. 예술은 이런 시공간의 조직을 통해 정서적 차원을 삶에 끌어들인다. 시공간을 조직한다는 건, 정서를 통해 시간의 흐름을 가로막아 집적시키는 것이라는 뜻이다. 미래파가 시간을 극복한 자리에 세우고자 했던 그 예술의 순수한 '미래주의적 순간'이 이것이 아니겠는가? 그렇다면, 시간의 흐름을 가로막는 이 정서는 도대체 무엇일까? 들뢰즈는 정동(affection)과 정서를 구분하는데, 정동은 색채의 문제이고 정서는 청각·시각·촉각에 해당한다. 장엄한 일몰이나 가을의 단풍으로 물든 풍경에서 우리는 정동을 느끼고, 연인의 속삭임과 과일을 깨무는 입술에서 정서를 갖는다. 들뢰즈에게 중요한 건 정동보다 정서다. 이 정서야말로 도도하게 흐르는 시간의 흐름을 돌연 돌려세워 예술의 순간을 가능하게 만들기 때문이다. 이런 진술은 확실히 사물의 형태보다도 그에 대한 감각을 중시했던 미래파의 주장을 연상시키는 것이다.

이런 예술관은 당대에 '현실적인 것'이라고 받아들여지는 것에 대한 하나의 저항으로 예술을 자리매김하는 방식에서 더욱 뚜렷하게 비슷한 모습을 드러낸다. 들뢰즈와 가타리에게 도주선을 타고 흐르는 예술은 주체성과 의미화 사이에서 왔다 갔다 하는 숱한 선들의 운동이다. 여기에서 주체성의 지점은 큐레이터, 비평가, 고객, 예술가, 광인, 관객 같은 존재들이고, 의미화의 지점은 이국적인 것, 에로틱한 것, 광기, 소비주의, 역사, 가치 같은 것들이다. 두 지점 중 어디에도 고정되지 않고 끊임없이 움직이는 예술은 "홈 파인 공간"을 만들어 내는 주류예술을 특이성의 공간에 집어넣는데, 이 말은 한마디로 주류예술의 일탈을 이끌어 낸다는 뜻이다.

상당히 어려운 말이지만, 다시 쉽게 설명해 보면 이렇다. 예술실천이 하나의 선이라고 했을 때, 도주선의 예술은 주류미학이 규정하는 일정한 규칙이나 규범을 넘어서서 바깥으로 빠져 달아난다. 이건 에두아르 마네의 「올랭피아」처럼 기존의 예술제도를 박차고 나가 당대의 비평언어가 설명해 내지 못하는 영역을 만들어 낸다는 뜻이기도 하다. 『천 개의 고원』에서 들뢰즈와 가타리는 "도주선은 현실성들이다"라고 했는데, 이런 현실성은 기존 사회의 재현체계를 뿌리부터 뒤흔들어 놓는 위험성을 내포하고 있다. 재현의 전통을 뭐 보듯이 했다는 점에서 이들은 확실히 미래파로 열릴 수 있는 창문들을 몇 개 가지고 있다.

물론 이런 철학적 차원 말고도, 우리는 기계에 대해 공통적으로 언급하고 있다는 점에서 이들과 미래파 사이에 어떤 연결고리가 있을 것이라고 추측할 수 있다. 특히 들뢰즈와 가타리는 멈포드의 개념 "거대기계"(megamachine)를 고찰하면서, "인간기계야말로 진짜 기계"라는 말을 인용한다. 인간이 로봇 같은 기계라는 뜻이 아니다. 오히려 로봇은 인간기계를 모방한 '과학적 기계'일 뿐이다. 멈포드의 인간기계 개념은 사회기계를 전제한 것이다. 이 사회전체를 거대한 기계로 보고, 인간은 이 기계의 부품 노릇을 한다. 이런 멈포드의 기계론에 대해 들뢰즈와 가타리는 "사회기계는, 움직이지 않는 모터를 드러내고 다양한 개입을 수행하는 한, 어떤 은유가 아니라, 문자 그대로 기계이다"라고 말한다. 도대체 "작동을 멈춘 모터"는 무엇일까? 이걸 들뢰즈와 가타리는 '대지'

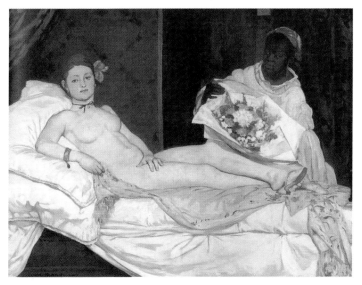

에두아르 마네, 「올랭피아」(L'Olympia), 1863. 마네는 세속의 것을 신화 속 상징으로 표현하던 기존의 예술인습을 뒤엎고, 세속의 것을 세속의 상징을 통해 보여 줌으로써 기존의 인습을 낯설게 만들었다.

같은 것이라고 부르면서, '본원적 영토기계'라고 부른다. 말할 것도 없이 '본원적 영토기계'는 맑스주의 용어로 설명하자면, 자본의 '본원적 축적'을 암시한다. 여하튼, 들뢰즈와 가타리는 모든 사회기계는 이런 작동하지 않는 본원적 영토를 갖고 있는데, 이것이야말로 생산의 흐름, 생산수단의 흐름, 생산자와 소비자의 흐름을 코드화한다고 보았다.

이런 생각과 미래파 사이에서 유사성을 발견할 수 있는 건 아무래도 이들 모두 니체와 베르그송의 영향을 받았기 때문일 것이다. 들뢰즈와 가타리는 직접적으로 정신분석학의 용어도 도입했는데, 미래파 역시 정신분석학의 개입을 허락하는 여지들을 많이 남겨 두고 있다는 걸 부인하기 어렵다. 이런 공통점 때문에 몇몇 거친 비판들은 들뢰즈와 가타리의 주장을 파시즘으로 연결시키기도 한다. 그러나 이와 같은 비판은 다소 무모하다. 이들의 철학은 미래파와 유사한 문제의식에 천착하고 있긴 하지만, 미래파의 경우와 달리 시종일관 파시즘에 대한 빨간 경보 등을 끄지 않는다. 이들의 적은 재현체계라는 추상적 문제가 아니라 파시즘이라는 구체적인 쟁점이다. 이들은 눈에 보이지 않는 영역에서 미세하게 작동하는 파시즘의 메커니즘을 찾아내어 공격하는 것을 정치학의 주 임무로 여기는 철학자들이다.

그렇다면, 미학적 차원에서 본다면 어떨까? 미래파도 알고 보면 파시즘이 나쁜 줄 모르고 동조한 것 아닌가 하는 변명이 나올 수 있다. 물론 완전히 틀린 말은 아니지만, 이들이 공공연하게 파시즘에 반대하지 않았다는 것도 명백한 사실이다. 미래파의 경우와 달리 들뢰즈는 미학의 차원에서도 미래파와 다른 입장을 드러낸다. 들뢰즈는 『감각의 논리』에서 "회화의 폭력에 관해 말하는 건 전쟁의 폭력과 전혀 관계없는 것"이라는 프랜시스 베이컨의 말을 인용하면서, "감각의 폭력은 재현된 것의 폭력과 다른 것"이라고 말한다. 들뢰즈에게 감각의 폭력은 "신경체계에 대한 직접적 행동"으로서, 그 자체로 하나의 "형상"을 만들어 낼 뿐이다. 쉽게 말하자면, 어떤 영화가 내용이 폭력적이라고 해서 폭력적인 것이 아니다. 중요한 건 기성의 인식체계에 찌든 감각에 충격을 주는 바로 그 폭력이다. 들뢰즈의 말은 마리네티와 미래파에 대한 비판이라고 할 수 있다. 마리네티가 전쟁을 찬양했던 건 이렇게 감각과 재현된 것의 서로 다른 차원들을 식별하지 못했기 때문이라고 말할 수 있다. 들뢰즈와 미래파의 유사성은 여러모로 흥미로운 일이지만, 그 닮은 모습만큼이나 서로 다른 측면을 내포하고 있다고 하겠다. 어떻게 생각하면,

툴리오 크랄리(Tuillio Crali), 「공중전 1」(*Aerocaccia I*), 1936~1938.

1차 세계대전 당시 자원 입대한 마리네티와 보초니, 산텔리아. 1915.

들뢰즈의 이론은 미래파를 재활용하면서, 위험한 독성은 중화하고 있는 것인지도 모른다.

어쨌든, 미래파와 들뢰즈가 다 같이 주장하고 있는 건, 삶이 예술을 통해 변하고, 예술이 삶의 형식으로 거듭난다는 공식이다. 이런 생각은 예술적인 삶이 진정한 삶이고 옳은 삶이라는 생각을 낳는다. 그러나 마리네티나 들뢰즈에게 자명했던 이런 명제가 요즘은 심사숙고의 대상이기도 하다. 그러니까 과연 미학을 윤리학으로 대체하는 것이 옳은 일인가 하는 질문이 철학자들 사이에서 진지하게 제기되고 있는 것이다.

아무튼 마리네티와 미래파들에게 미학은 곧 정치학이었다. 물론 이들이 말하는 정치는 현실의 의회정치 같은 '나약한' 타협의 수단 같은 것이 아니었다. 이들에게 정치는 모든 것을 한꺼번에 근본적으로 바꾸는 일이었다. 이를 일컬어 미래파는 "우주를 미래주의로 재구성하는 기획"이라고 거창하게 말했다. 정치가 너무 거창해지면 현실의 매개를 상실할 수가 있다. 매개가 일종의 타협으로 보일 때, 사람들은 쉽게 '진정한 본질'로 곧바로 나아가기를 원한다. 『실재의 사막에 오신 것을 환영합니다』라는 책에서 지젝은 다음과 같이 말한다.

슬라보예 지젝(Slavoj Žižek, 1949~).

1953년 7월 브레히트는 시위하는 노동자들을 해산하기 위해 스탈린가(街)로 줄지어 향하고 있던 소련 탱크부대 옆을 지나면서 손을 흔들어 환호했고, 그날 밤 늦게 일기장에는 그의 생애에 처음으로 공산당에 가입하고 싶은 충동에 사로잡혔다고 적었다(그는 공산당원이 아니었다). 이는 브레히트가 그 잔인한 분쟁이 풍요로운 미래를 가져오리라는 희망을 가졌기 때문도, 그런 희망을 내세워 그런 분쟁을 묵인했기 때문도 아니었다. 그것은 다만 그렇게 눈앞에서 벌어지고 있던 가혹한 폭력이 어떤 진정성의 징표로 비춰졌고 또 그에 대한 확신이 들었기 때문이다. 이는 알랭 바디우가 20세기의 주요 특징과 동일시했던 "실재의 열망"에 해당하는 한 가지 모범적 사례가 아닐까? 19세기가 유토피아적이거나 "과학적인" 기획과 이상들을 꿈꾸고 미래를 설계했다면, 그와는 반대로 20세기가 겨냥한 것은 사물 자체가 나타나도록 하고 새로운 질서에 대한 갈망을 직접적으로 실현하는 데 있다. 20세기를 규정하는 궁극적 경험은 실재에 대한 직접적 경험이다. 이때 실재는 일

세베리니, 「장갑을 두른 기차」(*Treno blindato in azione*), 1915.

상의 사회적 현실에 대립하는 것이고, 이런 실재는 환멸을 낳는 현실의 층위들에서 벗어나기 위해 치러야 할 대가에 해당하는 극단적 폭력 안에서 경험된다.

지젝의 분석은 미래파들에게도 그대로 적용되는 말이다. 미래주의야말로 20세기를 규정하는 그 "실재에 대한 직접적 경험"을 적나라하게 드러내고 있는 예술이념이기 때문이다. 실재를 직접적으로 경험하기를 열망한다는 건 무슨 뜻일까? 한마디로 모든 상징적 질서를 거부한다는 뜻이다. 아버지의 명령에 복종함으로써 기쁨을 얻는 것이 아니라 그 아버지의 명령을 위반하면서 즐거워하는 것이 이런 열망이다. 80년대 한국은 이런 위반의 열망으로 가득했다. 위반을 해야 '참된 사람'으로 인정받았다. 그러나 오늘날 한국사회는 이렇지 않다. 위반보다 오히려 사회적 질서를 잘 지켜야 인간 대접을 받는다.

물론 이렇게 반문할 수 있다. 오히려 예전에 비해 사람들이 더 영악해진 게 아닌가? 수능시험에서 자신들만 잘 되자고 휴대폰으로 부정행위를 하거나 입학원서 접수 사이트를 해킹하는 반사회적인 행위가 발생하는 건 어떻게 설명할 수 있는가? 이런 일들은 건성으로 보면 사회질서를 위반하는 것처럼 보이지만 실제로 가만히 뜯어보면 사회적 질서에 남보다 더 '잘' 순응하기 위한 몸부림이라는 것을 이해할 수가 있다. 이런 부정행위자들은 아버지에게 칭찬을 듣고 싶어서 거짓말을 하는 아이일 뿐, 아버지의 명령 자체를 거부하는 이들은 아니다. 이들에게 아버지 없이 생경하게 드러나는 실재는 오히려 거북하다. 예술에서 실재를 경험하고자 하는 욕망은 아버지에 대한 복종 자체를 거부하는 행위에서 쾌감을 느낀다.

지젝이 지적했듯이, 브레히트와 미래파는 '가혹한 폭력'을 어떤 진정성의 징표로 보았다. 미래파들이 바랐던 건 사물 그 자체를 불러들여 인간의 가식을 산산이 부숴 버리는 사건이었다. 기존의 질서를 전복하는 행위 자체만이 '진정성'이었던 셈이다. 나중에 뭐가 되든 말든, 여하튼 지금 현재 무엇인가를 부숴 놓고 보아야 하는 것이다. 무엇인가를 깨부수는 행위가 바로 혁명의 시작이자 목적이었다. 어떻게 보면 미래파들의 정치학은 예술실천을 정치의 영역으로 그대로 옮겨 놓은 것이나 마찬가지라고 할 수 있다. 사회가 화폭이라면 미래파의 실천은 그림을 그리는 일이었다. 물론 유독 미래파만 이랬던 건 아니다. 예술과 삶의 일치를 주장하면서 기존의 예술계를 비난하는 일들은 아방가르드 예술운동의 단골메뉴다. 기존의 예술이 관습에 젖어갈 때 아방가르드 운동은 창조성에 대한 새로운 성찰을 요구하면서 판갈이를 하기 마련이다. 물론 판갈이를 제대로 하기 위해 필요한 건 아이러니하게도 이런 혁신적 흐름을 수용해 줄 '전통적 관점'이기도 하지만 말이다. 그렇다면 미래파를 다른 아방가르드와 구분해 줄 수 있는 특징은 무엇일까? 미래파만이 가진 고유한 이념은 어떤 사상적 맥락에서 이해할 수 있을까? 무엇 때문에 미래파는 기술과 예술의 조화를 역설한 것일까? 앞서 지적했듯이, 일반적으로 예술은 기술과 다른 걸로 인식되어 왔는데, 이런 사실에 비춰 보면 확실히 미래파의 주장은 별난 것이라고 할 수 있겠다.

대개 모든 예술유파들은 정치에 대해 무감했다. 미래파에 영향을 미친 입체파들만 해도 그랬다. 이들은 진보를 믿었지만, 그 진보의 결과로 얻게 될 미래에 대해 일치된 견해나 입장을 갖고 있지 않았다. 입체

아르날도 지나(Arnaldo Ginna)가 만든 영화, 「미래주의자의 삶」(*Vita Futurista*, 1916)의 한 장면.

파들은 부르주아의 미학전통을 부정했지만, 언젠가 자신들의 그림이 루브르 박물관에 전시될 것이라고 생각했다. 흥미롭게도 입체파들은 부르주아의 지배가 쇠퇴할 것이라는 사실에 공감했지만, 어떻게 해야 이런 게 가능한지에 대해 전혀 알지 못했다. 확실히 이런 입체파에 비한다면 미래파는 훨씬 정치에 관심이 많았다. 이들은 구체적으로 어떻게 하면 부르주아의 지배체제를 무너뜨릴 수 있을지 알고 있었다. 존 버거는 입체파와 미래파를 비교하면서 다음과 같이 말한다.

입체주의자들의 진보에 대한 믿음은 결코 자기만족적이지는 않았다. 그들은 새로운 생산, 새로운 발명, 새로운 에너지 형태를 낡은 질서를 뒤엎는 무기로 보았다. 그러나 그들의 관심은 근본적인 데 있었지 형식적으로 이러한 변화를 옹호한 것은 아니었다. 이 점에서 그들은 미래파 화가들과 근본적으로 달랐다. 미래파 화가들은 기계를 야만적인 신으로 보았고 그것과 자신들을 일치시켰다. 이데올로기적으로 그들은 파시즘의 선구자들이었다. 미술에서 그들은 움직이는 자연주의의 통속적인 형태를 생산했다. 그것은 그 자체가 이미 영화에서 이루어진 것에 대한 주석에 불과했다.

버거의 지적대로 미래파의 예술형식은 영화의 발명이라는 중요한 사건과 떼려야 뗄 수 없다. 물론 초현실주의자들도 영화나 사진이라는 매체에 주목했지만, 이들의 예술행위는 이런 영화와 사진의 '자연주의'를 넘어서는 것이었다. 초현실주의자인 르네 마그리트 같은 경우도 손수 카메라를 구입해서 영화를 찍기도 했지만, 그의 그림은 이런 영화의 표현을 능가하려는 의지를 담고 있었다고 할 수 있다. 마그리트에게 보이는 것은 보이지 않는 것도 모두 포함하는 무엇이었다. 버거의 비판은 스탈린의 사회주의 리얼리즘에도 해당되는 것이다. 무릇 모든 전체주의는 기술과 기계에 대한 숭배를 깔고 있는 것인지도 모른다. 미래파는 이런 기술과 기계 숭배를 예술의 지향으로 삼았다는 측면에서 파시즘과 친해질 수밖에 없는 운명이었다고 하겠다.

중요한 건 미래파가 파시스트인가 아닌가 하는 진실게임이 아니다. 오히려 우리는 당대 최고의 엘리트 예술가들이었던 이들이 무엇 때문에 파시즘을 지지했던 것인가에 주목해야 할 것이다. 미래파는 프랑스의 철학자 자크 랑시에르가 말하는 새로운 '삶의 형식'을 만들어 내지 못한 실패한 예술가 집단일지도 모른다. 랑시에르에게 미학은 "감각적인 것의 배분"(the distribution of the sensible)을 결정하는 아프리오리(a priori) 같은 것이다. 아프리오리라는 건 경험 이전에 존재하는 앎을 의미한다. 아리스토텔레스가 사용한 말인데, 원래는 "원인에서 결과로 진행하는 생각의 방식"을 의미했다. 그러나 라이프니츠와 칸트에 와서 경험 이전에 독립적으로 우리가 알고 있는 지식을 뜻하게 되었다. 어쨌든, 이렇게 새롭게 출현한 아프리오리의 뜻에 따르면, 이런 선험적 앎이 있어야 개념이고 사유고 가능하다. 이런 미학의 감각 배분은 "시간과 공간,

자크 랑시에르(Jacques Rancière, 1940~).

보이는 것과 보이지 않는 것, 발화와 소음"을 결정함으로써 경험할 수 있는 것과 경험할 수 없는 것을 구분해서, 경험되지 않는 것을 없는 것으로 만들어 버린다. 이런 의미에서 감각적인 것의 배분은 "경험형식으로 작동하는 정치의 장소이자 경계"이다. 랑시에르의 말에서 주목할 건 경험형식과 정치의 관계다. 경험형식이 결정되는 방식이 곧 정치인 셈이다. 미래파가 미학을 정치와 동일시했던 건 미숙하나마 이런 문제에 대한 직관적 깨달음이 있었기 때문이다. 그러나 이들은 감각의 작동방식을 바꾸어야 한다는 대원칙에 도달하긴 했지만, 이를 위해 무엇을 해야 할지에 대한 구체적 대안은 없었다.

이런 의미에서 미래파는 입체파와 달리 예술을 통해 정치를 하려고 했다. 미래파는 미학의 핵심에 정치가 있다는 것을 누구보다 앞서 깨달았지만, 이들이 생각한 정치는 사회와 공유할 수 있는 부분을 전혀 갖지 못했다. 이들에게 이탈리아 사회는 한시바삐 청산해야 할 썩은 장소였다. 이런 사실로 인해 미래파의 정치는 파시즘으로 갈 수밖에 없었던

폴 비릴리오(Paul Virilio, 1932~).

필연적 이유를 내장하고 있었던 것일지도 모른다. 그러나 미래파가 정치적으로 실패했다 해서 이들이 이룩한 미학의 성과가 모두 무용한 건 아니다. 이들의 미학적 실천은 무시할 수 없는 다양한 영향력을 현재의 사상적 지형도에 발휘하고 있다.

대표적으로 프랑스의 이론가 폴 비릴리오는 인간주의의 관점에서 미래주의와 같은 아방가르드 예술운동의 반인간주의(또는 속도와 전쟁의 찬양)를 지속적으로 비판함으로써 자신의 사상체계를 구성한다. 처음에 스테인드글라스 기술자였던 비릴리오는 알제리 전쟁에 징집되었다고 돌아온 뒤, 모리스 메를로-퐁티에게 현상학을 배웠다. 이런 경험을 토대로 비릴리오는 '전쟁'이라는 관점에서 현대사회의 현상을 분석하는 작업을 하고 있다. 비릴리오는 '전쟁 모델'과 '드로몰로지' 같은 새로운 개념들을 만들어 냈는데, 전자는 전쟁의 모델로서 현대 도시를 고찰하는 것이고 후자는 그리스어로 '경주(race)의 논리'를 뜻하는 신조어로서, 빠른 속도로 경쟁을 펼치는 것에 대한 학문이라는 의미에서 '질주학'이라고 옮기기도 한다.

비릴리오에게 전쟁은 봉건제에서 자본제로 이행하도록 만든 결정적 메커니즘이다. 부의 축적이나 생산기술의 향상이 자본주의를 도래하게 만든 게 아니라는 이런 발상은 분명 흥미로운 것이다. 이런 관점에서 그는 중세의 요새 도시가 사라진 것은 정교한 무기가 발달해 교전행위가 가능해졌기 때문이라고 설명한다. 또한 그에게 속도는 사물의 본질

발라, 「추상 속도 : 자동차가 지나갔다」(Velocità astratta : L'auto é passata), 1913.

적 속성을 바꿔 버리는 요소인데, 언제나 빠른 것이 느린 것을 지배하는 게 현대사회의 특징이다. 이런 특징은 앞서 언급한 전쟁 모델과 연관되어 있는데, 말하자면 "무기체계의 속도가 발전하는 것에 따라 역사가 진보했다"는 진술은 이런 연관성을 전제한 것이다. 덧붙여서 그는 "빛의 속도는 세계를 변화시키는 게 아니라 세계 그 자체가 되었다"는 말도 하면서, "전 지구화는 곧 빛의 속도"라는 말도 한다.

　들기에 따라 아리송한 말이지만, 인터넷이나 위성TV 채널을 떠올려 보면 비릴리오가 무슨 말을 하고 있는지 이해할 수 있을 것이다. 마우스 클릭 한 번으로 우리는 전 세계 각국의 웹사이트에 '빛의 속도'로 접속할 수 있다. 마찬가지로 위성TV 채널은 지구 각처에서 일어난 전쟁

발라, 「제비가 지나갔다」(Volo di rondini), 1913.

이나 재난 상황을 '빛의 속도'로 전송해서 우리 앞에 대령한다. 가볍게 다이얼만 돌리면 우리의 음성은 '빛의 속도'로 지구 반대편에서 전화를 받는 이의 귀로 흘러들어 간다.

이와 같은 맥락에서 비릴리오에게 이탈리아 미래주의는 다다이즘 이나 프랑스 초현실주의와 마찬가지로 소외에 대한 반응이자 동시에 반 인간적 잔인성에 대한 취미판단이었다. 여기에서 취미판단이라는 말은 예술로서 옳고 그르고 하는 문제를 해결했다는 뜻이다. 그러니까 미래 주의 미학에 합당하면 옳은 것이고 그렇지 않으면 옳지 않은 것이다. 비 릴리오에게 미래주의는 다른 무엇도 아니라 "인식의 영역을 조직화하 는 미학이 어떻게 전쟁과 관련되어 있는지"를 보여 주는 본보기다. 그러 나 비릴리오는 오늘날 전쟁의 체험이 기술로 매개되어 있다는 사실을 지적한다. 이런 까닭에 전쟁의 비극에 인간의 책임이라는 도덕이 개입

할 여지가 없다. 우리는 기술 덕분에, CNN 채널이 편집해서 보여 주는 드라마 같은 전쟁의 장면을 푹신한 소파에 앉아 시청하면서 전쟁의 참상을 시각적으로 경험할 수 있다.

비릴리오는 이런 속도를 중심으로 세계가 통합되는 과정을 비관적으로 그리면서, 이런 세계를 '극의 관성'이 안착된 상황이라고 본다. 이게 무슨 말인지 알고자 한다면, KTX 같은 고속열차를 탄 승객을 떠올려 보면 될 것이다. 고속열차를 타고 거의 한 시간에 280km가 넘는 속도로 공간이동을 하는 승객은 사실 개인의 신체로 본다면 전혀 움직이고 있는 것이 아니다. 이런 일은 기술의 발전 덕분에 가능한 것이고, 기술의 발전은 결국 가속과 공간의 죽음을 낳는다. 이 지점에서 비릴리오의 입장은 정확하게 미래파의 반대편에 서 있다. 미래파와 달리 비릴리오는 이런 속도의 폭력을 반기는 것이 아니라 반대하고 있기 때문이다. 비릴리오의 주장에 따르면 미래파의 기계와 속도 찬양은 국가주의에 대한 지지로 연결될 수밖에 없는 필연이었다.

어떻게 생각하면, 들뢰즈와 가타리에 비해 비릴리오는 더 강력한 미래주의의 비판자일지도 모른다. 들뢰즈와 가타리는 운동과 속도를 구분해서, 전자를 외연적, 후자를 내포적이라고 본다. 쉽게 말하자면, 운동은 여기에서 저기로 옮겨 가는 일정한 여정을 미리 생각하게 만드는 반면, 속도는 들뢰즈와 가타리의 용어로 말하자면, 강밀도(intensity)의 우발적 분출을 뜻한다. 이런 관점에서 들뢰즈와 가타리는 '절대 속도'를 언급하면서 '이동하지 않는 유목민'을 상상한다. 그러나 비릴리오에게 속도는 모두 국가장치로 귀속되는 일이며, 따라서 절대 속도라는 것 자체가 국가의 무기 노릇을 하게 된다. 확실히 속도에 대한 이런 지적은 설득력이 있다. 속도를 높이는 것 자체가 국가에 복속되는 일이라는 사실은 한국에서도 빈번하게 목격할 수 있기 때문이다. 기술력을 곧 국력 신장으로 보는 관점이 이를 증명하는 것이라고 할 수 있겠다.

들뢰즈와 가타리, 그리고 비릴리오를 통해 확인했듯이, 미래파와 미래주의가 남긴 여파는 현대철학을 구성하는 중요한 문제의식을 제공하고 있다. 예술과 정치, 기술과 속도, 그리고 무엇보다도 전쟁을 찬양했던 미래파의 존재는 비릴리오의 말처럼, 현대사회의 반인간적 잔인성이 미학적으로 그대로 표출된 것이라고 볼 수 있다. 이런 까닭에 비록 실패한 예술이념이긴 하지만, 여전히 미래주의는 자본주의의 모순을 드러내는 하나의 증상으로 끊임없이 호출되어야 할 것이다.

Appendix
부록

미래주의에 대해 더 알고 싶다면

더 읽을 만한 책

마야코프스키, 김성일 옮김, 『대중의 취향에 따귀를 때려라』, 책세상, 2005.

러시아 미래주의를 대표하는 시인 마야코프스키의 시와 산문 모음집이다. 마야코프스키의 미래주의 시뿐만 아니라 「대중의 취향에 따귀를 때려라」를 비롯한 중요한 선언문과 비평이 수록되어 있다. 특히 부록으로 역자와 시인의 가상 대담을 실어서 마야코프스키의 시세계 전반에 대한 독자의 이해를 돕고 있다.

험프리스, 하계훈 옮김, 『미래주의』, 열화당, 2003.

미래파와 미래주의 운동에 대해 간략하게 정리해 놓은 책이다. 케임브리지 대학의 '현대미술운동' 시리즈 중 하나이고 국내에서 미래주의 운동을 개괄하기 위해 참고할 수 있는 유일한 번역서다. 미래주의의 전모를 짧은 시간에 파악할 수 있도록 만들어 주지만, 입문보다 정리에 적합한 책이다.

Adamson, Walter. *Avant-Garde Florence : From Modernism to Fascism*, Harvard UP, 1993.

미국 에모리 대학의 지성사 담당 교수가 쓴 이탈리아 아방가르드 예술운동사다. 지은이는 피렌체를 중심으로 한 이탈리아 모더니즘 운동에서 파시즘의 이데올로기가 자라났다는 입장에서, 미래주의만을 파시즘 미학과 직결시켰던 통념에 새로운 관점을 부여하고 있다. 피렌체의 모더니즘 운동에서 중요한 역할을 담당했던 노동계급 출신 지식인들과 밀라노의 미래파들 사이에 조성되었던 긴장에 대한 흥미로운 통찰을 제공한다.

Berghaus, Günter. *Futurism and Politics : Between Anarchist Rebellion and Fascist Reaction, 1909~1944*, Berghahn Books, 1996.

미래파의 아나키즘과 파시즘 정치학은 근본적으로 화해할 수 없었다는 입장에서 미래주의 예술운동에 내장된 모순을 총체적으로 다루고 있는 책이다. 지은이는 미래주의 관련 연구의 권위자인데, 이 책에서 새롭게 발굴된 마리네티 관련 자료와 미래파에 대한 무솔리니의 비밀문서를 토대로 이탈리아 미래주의 예술운동의 정치학을 짚어 보고 있다.

Gentile, Emilio. *The Struggle for Modernity : Nationalism, Futurism, and Fascism*, Praeger, 2003.

이탈리아 파시즘 연구의 권위자인 지은이는 모더니즘과 파시즘의 관계를 파고 들어가서, 모더니즘적 민족주의가 파시즘의 기원을 형성했다는 주장을 펼친다. 월터 애덤슨의 책과 함께 읽으면 좋다. 애덤슨의 책이 개별 지식인들의 사상들을 다루고 있다면, 이 책은 거시적인 관점에서 파시즘과 모더니즘의 관계를 조망하고 있다. 특히 이탈리아 민족주의와 모더니즘의 관계에 대한 서술은 그 자체로 많은 성찰을 제공한다.

Tisdall, Caroline and Angelo Bozzolla. *Futurism*, Thames and Hudson, 1977.

다소 오래된 책이지만, 미래주의 전반에 대한 이해를 돕는 책이다. 이탈리아 미래주의가 유럽으로 퍼져 나간 경위와 그 여파에 대한 유익한 내용을 얻을 수 있다. 벤야민의 미래주의 비판에 대한 설득력 있는 반론을 만나볼 수 있지만, 미래파와 파시즘의 관계에 대한 명쾌한 해명이 부족하다는 단점도 있다.

가볼 만한 사이트

http://www.futurism.org.uk

밥 오쉬언이라는 개인이 운영하는 미래주의 관련 웹사이트. 영어로 쓰인 거의 모든 미래주의 관련 인터넷 자료들을 얻을 수 있다. 이탈리아 미래주의 관련 1차 자료는 물론이고, 서지 목록이나 연보, 그리고 기타 관련 문화에 대한 다양한 정보가 연결되어 있다.

http://www.salisbury.edu/theatre/Futurist/futurist%20&%20constructivist.htm

미래주의와 구성주의 관련 연대기를 세계사적 흐름과 함께 배치해서 한눈에 볼 수 있게 대조표를 만들어 놓았다. 러시아 미래주의도 함께 배열되어 이해를 돕는다.

http://www.irre.toscana.it/futurismo/indice.htm

미래주의에 대한 이탈리아어 사이트. 토스카나 지역 관련 사이트에 연결되어 있고, 미래주의에 대한 개괄적 내용들이 이탈리아어로 수록되어 있다.

이외에 도움받은 책들

Apollonio, Umbro, ed.. *Futurist Manifestos*, trans. Robert Brain, et. al., MFA, 1973.

Benjamin, Walter. *Selected Writings : 1938~1940, Volume 4*, trans. Howard Eiland, et. al., Belknap, 2003.

Berger, John. *The Success and Failure of Picasso*, Vintage, 1993. 〔박홍규 옮김, 『피카소의 성공과 실패』, 아트북스, 2003.〕

Danius, Sara. *The Senses of Modernism : Technology, Perception, and Aesthetics*, Cornell UP, 2002.

Deleuze, Gilles and Félix Guattari. *Anti-Oedipus : Capitalism and Schizophrenia*, trans. Robert Hurley, Mark Seem, and Helen R. Lane, U of Minnesota P, 1996. 〔최명관 옮김, 『앙띠 오이디푸스』, 민음사, 1994.〕

_____. *A Thousand Plateaus : Capitalism and Schizophrenia*, trans. Brian Massumi, U of Minnesota P, 1996. 〔김재인 옮김, 『천 개의 고원』, 새물결, 2001.〕

Gombrich, E. H.. *The Story of Art*, Phaidon, 2006. 〔백승길 외 옮김, 『서양미술사』, 예경, 2003.〕

Humphreys, Richard. *Futurism*, Cambridge UP, 1999. 〔하계훈 옮김, 『미래주의』, 열화당, 2003.〕

Lawton, Anna, ed.. *Russian Futurism through Its Manifestoes, 1912~*

1928, Trans. Anna Lawton and Herbert Eagle, Cornell UP, 1988.

Lukács, Geörg. *Soul and Form*, trans. A. Bostock, MIT P, 1974. 〔반성완 외 옮김, 『영혼과 형식』, 심설당, 1988.〕

Marx, Karl. *Capital, Volume 1 : Critique of Political Economy*, trans. Ben Fowkes, Penguin, 1990. 〔김수행 옮김, 『자본론 1』, 비봉출판사, 2002.〕

Perloff, Marjorie. *The Futurist Moment : Avant-Garde, Avant Guerre, and the Language of Rupture*, U of Chicago P, 1986.

Rancière, Jacques. *The Politics of Aesthetics : The Distribution of the Sensible*, trans. Gabriel Rockhill, Continuum, 2004. 〔오윤성 옮김, 『감성의 분할』, 도서출판b, 2008.〕

Virilio, Paul. *Speed and Politics : An Essay on Dromology*, trans. Mark Polizzotti, Semiotext(e), 1986. 〔이재원 옮김, 『속도와 정치』, 그린비, 2004.〕

Žižek, Slavoj. *Welcome to the Desert of the Real*, Verso, 2002. 〔김종주 옮김, 『실재계 사막으로의 환대』, 인간사랑, 2003.〕

찾아보기